2024年度改正に完全対応

プロとして知っておきたい！

障害福祉サービスのしくみと使い方

中央法規「ケアマネジャー」編集部 編集　福島敏之 著

中央法規

パッと見でわかる！

パート 1 ライフステージ別 障害福祉サービスガイド

障害児・者のライフステージ別に、受けられるサービス内容と対応する制度をまとめました。

ライフステージ	課題	主なサービス内容	対応する法律
乳幼児期	支援へのつなぎ	・乳幼児健診 ・療育相談 ・児童発達支援	児童福祉法
学齢期	就学の機会の確保	・特別支援教育 ・放課後支援	児童福祉法（～18歳）
成年期	地域での生活 就労・社会参加 経済的自立	・住まいの場の確保 ・見守りや緊急時対応 ・自立生活の訓練 ・一般就労への支援 ・福祉的就労 ・親の病気、要介護、死亡後への備え	障害者総合支援法／国民年金法／厚生年金保険法（20歳～）
高齢期	「老い」への対応	・高齢化に対応した住まい ・加齢によるケアの複雑化への対応	介護保険法（65歳～）

障害福祉サービス

パート2 ココが違う！障害福祉と介護保険

障害福祉と似た制度に介護保険があります。何がどう違うのかを7つのポイントに分けて解説します。

①支援の心構え

障害福祉	介護保険
その人の人生全般をとらえる	心身機能の維持・回復
本人がよりよい人生が送れるように、就労・教育などを含めその人を俯瞰してとらえて支援する	その人らしく、住み慣れた地域で暮らせるように心身機能の維持回復に着目して支援する

②保険料負担の有無

障害福祉	介護保険
負担なし（公費負担方式）	負担あり（社会保険方式）
税財源によって費用が賄われるため、保険料という形での費用負担はない	40歳以上で日本国内に住所を有する人はみな被保険者となって、保険料を負担する

③認定調査

障害福祉	介護保険
障害支援区分認定（6段階）	要介護認定（7段階）
認定結果は、利用意向、サービス等利用計画案などとあわせて、支給決定の判断材料に用いられる	認定結果に応じて、利用可能なサービスの上限額が決まる

④ケアプランを作成・提出する回数

障害福祉	介護保険
2回	1回
市町村による支給決定の前に「案」を、後に「確定版」を作成し、提出	要介護認定の結果通知後に作成し、提出

⑤サービスメニュー

障害福祉	介護保険
訪問・通所・短期入所・入所での介護、生活支援、自立訓練、就労支援、移動支援、地域移行・定着支援	訪問・通所・短期入所・施設入所での介護、生活支援、看護、リハビリ、療養管理

⑥利用者負担

障害福祉	介護保険
1割負担、上限あり	1割負担、上限あり
所得段階に応じて上限を設定しており、住民税非課税であれば利用料負担はなし	所得によっては、2割負担または3割負担

⑦モニタリングの頻度

障害福祉	介護保険
1か月に1回〜1年に1回	1か月に1回
サービス種別や本人の状況に応じて市町村が個別に設定	利用者の居宅訪問、電話、メールによって行う

Contents

巻頭 パッと見でわかる！障害福祉サービス

- パート❶ ライフステージ別　障害福祉サービスガイド ……… 2
- パート❷ ココが違う！　障害福祉と介護保険 ……… 3

第1章 障害福祉サービスのしくみ

- ①支援のしくみ ──────────── 12
- ②サービスを利用できる人 ──────── 16
- ③障害支援区分と支給決定 ──────── 18
- ④障害福祉サービスの報酬と利用者負担 ── 20
- ⑤サービスの種類 ──────────── 22
- ⑥「介護保険優先」の原則 ───────── 28

第2章 障害福祉サービスの利用方法

①利用申請からサービス開始までの流れ ……… 32
②相談・利用申請 ……… 34
③障害支援区分の「認定調査」 ……… 38
④計画案の作成・提出 ……… 44
⑤支給決定 ……… 46
⑥「本計画」の作成・提出 ……… 48
⑦サービス開始後のモニタリング ……… 50
⑧利用料金等の支払い ……… 52
⑨利用者の負担軽減のしくみ ……… 54
⑩審査請求、苦情解決 ……… 60

障害福祉サービスの内容と使い方

1. 障害者向けのサービス

- ① 居宅介護 … 64
- ② 重度訪問介護 … 68
- ③ 同行援護 … 72
- ④ 行動援護 … 76
- ⑤ 療養介護 … 78
- ⑥ 生活介護 … 82
- ⑦ 自立訓練 … 86
- ⑧ 短期入所 … 90
- ⑨ 共同生活援助（グループホーム） … 94
- ⑩ 重度障害者等包括支援 … 98
- ⑪ 施設入所支援 … 102
- ⑫ 自立生活援助 … 106
- ⑬ 地域移行支援 … 110
- ⑭ 地域定着支援 … 112
- ⑮ 就労移行支援 … 114
- ⑯ 就労定着支援 … 118
- ⑰ 就労継続支援A型 … 120
- ⑱ 就労継続支援B型 … 124
- ⑲ 就労選択支援 … 126
- ⑳ 移動支援 … 128
- ㉑ 地域生活支援事業のその他のサービス … 130

2. 障害児向けのサービス
　①児童発達支援 ……………………………………… 132
　②放課後等デイサービス …………………………… 136
　③居宅訪問型児童発達支援 ………………………… 140
　④保育所等訪問支援 ………………………………… 142
　⑤障害児入所支援 …………………………………… 144

3. 用具の提供
　①補装具費の支給 …………………………………… 146
　②日常生活用具給付事業 …………………………… 150
　③小児慢性特定疾病児童等日常生活用具給付事業 … 152

4. 医療関連の給付
　①自立支援医療 ……………………………………… 154
　②難病医療費助成制度 ……………………………… 158
　③小児慢性特定疾病医療費助成制度 ……………… 160

第4章 障害者支援で活用できるその他の制度

- ①障害年金 ———————————————————— 164
- ②障害児向けの手当　特別児童扶養手当 ———————— 168
- ③障害児向けの手当　障害児福祉手当 ————————— 170
- ④障害者向けの手当　特別障害者手当 ————————— 172
- ⑤障害者扶養共済制度 ——————————————— 174
- ⑥居住支援 ———————————————————— 176
- ⑦障害者雇用 ——————————————————— 178

⑧公共交通機関の利用料割引 ……………………………… 180
⑨成年後見制度 ……………………………………………… 182
⑩日常生活自立支援事業 …………………………………… 184
⑪生活福祉資金貸付制度 …………………………………… 186
⑫生活困窮者自立支援制度 ………………………………… 188
⑬生活保護制度 ……………………………………………… 190
⑭精神科の入院制度 ………………………………………… 192

第1章

障害福祉サービスの しくみ

支援のしくみやサービスの種類、利用者が負担する金額など、障害福祉サービスの基本的な内容についてやさしく解説します。

1 支援のしくみ

障害児・者を支えるしくみについて、まずは全体像をざっくりと押さえましょう。

※本文中の「市町村」には市町村及び特別区が含まれる。

目的・趣旨
尊厳ある暮らし・社会活動をサポート

● 私たちは、一人ひとりが人格と個性を有する"かけがえ"のない存在であり、障害の有無にかかわらず、守られるべき基本的人権を有しています。障害があっても、誰しも尊厳ある個人としてふさわしい生活を送り、社会のなかで当たり前に活動できるように、必要に応じて各種のサービスが利用できるようになっています。

障害児・者の暮らしと社会活動を支える取り組み

障害の内容・程度にかかわらず日常の暮らし・社会での活動が可能に

日常の暮らし
尊厳のある個人として
ふさわしい暮らしを送る

社会での活動
自分の意思に基づき、
社会・経済活動に参画する

多様なサービスで障害児・者をサポート

家事援助

身体介護

外出の支援

自立訓練

就労支援

医療的ケア

児童の発達に関する支援

制度の枠組み

18歳と65歳を区切りとした制度のしくみ

- 18歳までは、子どもの成長・発達・自立・福祉を保障する「児童福祉法」によって、障害がある子ども（障害児）向けの各種サービスが用意されています。
- 18歳以降は、「障害者総合支援法」によって、ニーズに対応したサービスが用意されています。
- 18歳未満の児童も、障害者総合支援法による一部のサービスを利用できます。全国一律の統一された基準・価格で運用される「自立支援給付」と、市町村（都道府県）ごとに基準・価格を設定して運用される「地域生活支援事業」があります。
- 65歳以降については、ホームヘルプ、デイサービス、ショートステイの3サービスに関しては、「介護保険優先の原則」に基づいて、「介護保険法」から給付されます。40～64歳で、特定疾病に起因して要介護・要支援となった場合も同様です。

児童福祉法、障害者総合支援法、介護保険法によるしくみ

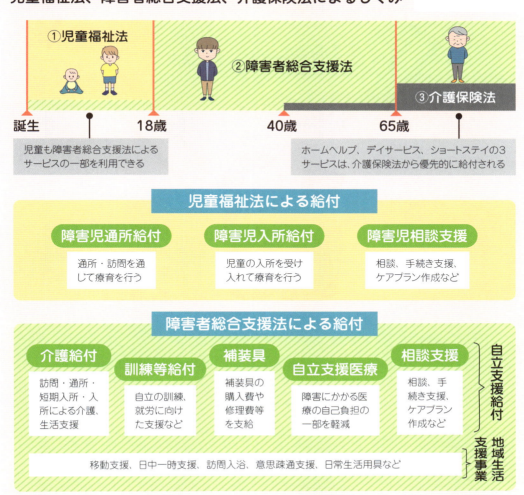

制度を構成する主体

利用者・サービス事業者・市町村

● この制度を構成するのは、大きく分けて、①利用者、②サービス事業者、③市町村の三者です。それぞれが、以下のような関係性のもと役割を担って、制度が運用されています。

制度を構成する3つの主体とその役割

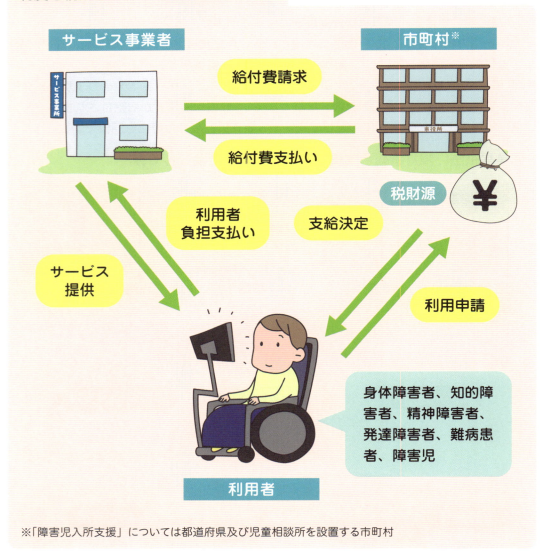

※「障害児入所支援」については都道府県及び児童相談所を設置する市町村

①利用者

障害があり、支援を必要とする当事者

> **役割**
> - 必要とするサービスについて、市町村に利用申請します。
> - 市町村の「認定調査」(必要とする支援の度合いを客観的に把握するための聞き取り調査)に応じます。
> - サービス事業者等による支援計画の作成に協力します。具体的には、自身の心身の状況や生活の状況などを伝えます。
> - 利用者負担を支払います。
> ※サービス利用料の1割。ただし所得によって負担上限あり。

②サービス事業者

障害児・者の支援を業とし、都道府県または市町村から指定を受けた事業者

> **役割**
> - 指定を受けたサービスについて、基準に沿って設備を揃え、人員を確保して、適切にサービスを提供できる体制を整えます。
> - 利用者の心身の状況、現在の環境、日常生活の状況、希望する暮らし、対応する必要のある課題などを把握し、関係機関と連携のうえ、支援計画を立ててサービスを提供します。
> - 利用者から利用者負担を受領します。
> - 利用者負担を控除したサービス利用料(給付費)を市町村に請求します。

③市町村

福祉サービスをはじめ住民向けサービスを担う基礎自治体

> **役割**
> - サービスの利用申請を受け付けます。
> - 申請者に対して、必要とする支援の度合いを客観的に把握するための聞き取り調査(認定調査)を行います。
> - 提供するサービスの種類や量を決定します(支給決定)。
> - 利用者負担を控除したサービス利用料(給付費)について、事業者から請求を受け、支払います。
> - 給付費の4分の1について、財源を負担します(残りは国庫負担と都道府県負担)。

2 サービスを利用できる人

障害福祉サービスの対象となる人の条件と、その証明方法についてまとめました。

制度の対象

障害者・障害児の定義に該当する人

- 障害者総合支援法および児童福祉法による障害福祉サービスの対象者は、①身体障害者、②知的障害者、③精神障害者（発達障害を含む）、④特定の難病の患者、⑤障害児です。それぞれの障害の制度上の定義と、障害があることを証明する書類の代表例は、下図に掲げた通りです。
- なお、⑤の障害児は、身体障害、知的障害、精神障害、難病等のいずれかを有する18歳未満の児童のことを表しています。

障害児・者の定義

	①身体障害者	②知的障害者	③精神障害者	④難病患者
18歳以上	身体上の障害（視覚障害、聴覚または平衡感覚の障害、音声機能・言語機能・咀嚼機能の障害、肢体不自由、内部障害）があり、身体障害者手帳の交付を受けている者。	知的機能の欠陥と適応機能の明らかな欠損が発達期（おおむね18歳まで）に生じた者。	統合失調症、精神作用物質による急性中毒又はその依存症、その他の精神疾患を有する者。発達障害者を含む。	治療方法が確立していない、長期にわたり療養を必要とするなど、国の定める基準に該当する難病（2024年4月現在で369疾病）を有する者。
【主な証明書類】	障害者手帳	障害者手帳	障害者手帳	特定医療費（指定難病）受給者証
18歳未満（⑤障害児）	身体に障害のある児童	知的障害のある児童	精神に障害のある児童	難病または小児慢性特定疾病を有する児童
【主な証明書類】	身体障害者手帳	療育手帳	障害者手帳	特定医療費（指定難病）受給者証

証明方法
障害種別によって異なる必要書類

● 障害者総合支援法等のサービス利用申請にあたっては、障害種別ごとに、以下に掲げる書類のいずれかを窓口に提示することが必要となります。

障害種別ごとの「障害を証明する書類」

	障害者の証明書類	障害児の証明書類
身体障害	身体障害者手帳	①身体障害者手帳 ②特別児童扶養手当受給証明書等 ③児童相談所または更生相談所の意見書 ④診断書　など
知的障害	①療育手帳 ②児童相談所または更生相談所の意見書　など	①療育手帳 ②特別児童扶養手当受給証明書等 ③児童相談所または更生相談所の意見書 ④診断書　など
精神障害	①精神障害者保健福祉手帳 ②障害年金の年金証書等 ③自立支援医療受給者証 ④診断書　など	①精神障害者保健福祉手帳 ②特別児童扶養手当受給証明書等 ③自立支援医療受給者証 ④診断書　など
難病	①特定疾患医療費受給者証 ②診断書	診断書　など

> **ミニ情報　手帳の有無とサービス利用の可否は関係なし**
>
> 　利用申請が受理されても、その後に行われる「認定調査」の結果や「障害支援区分」によっては、希望のサービスを利用できないこともあります。特に、介護を伴うサービスについては、障害支援区分が利用要件と紐づけられていて、所定の区分に満たない場合は利用できないようになっています。
> 　一方で、自立訓練や就労支援系のサービスなどについては、そうした障害支援区分による制限がありません。
> 　以上のことは、申請後の話ですので、障害者手帳とは関係がありません。障害者手帳を所持しているかどうかが、サービスの利用可否を分けるわけではないのです。ただし、身体障害者に関しては、申請時に手帳の提示が必要となるので、手帳の有無が全サービスについての利用可否にかかわることとなります。

1章　障害福祉サービスのしくみ

3 障害支援区分と支給決定

障害者総合支援制度において、利用できるサービス量などの決め方についてまとめました。

支給決定
全国一律の手続き・基準で実施

- どういうサービスをどれだけ受けられるかは、本人の希望、家族等介護者の状況や居住環境、本人の心身状態に応じて決められます。決定するのは市町村です。
- 障害者総合支援制度等では、各市町村で公平な支給決定が行われるように、全国一律の手続きや、参照するべき基準が定められています。

障害支援区分
「支援が必要な度合い」を客観的に判定

- 市町村は、支給決定に先立ち、「認定調査」を実施します。具体的には、調査員が申請者宅を訪問して、聞き取り・観察により心身状況や生活状況を把握します。
- 認定調査の結果と、申請者の主治医から取り寄せた意見書を用いて、コンピュータ分析および審査会での合議を経て、申請者の「支援の必要な度合い（障害支援区分）」が区分1〜6の6段階で判定されます。支援が不要の場合は「非該当」と判定されます。

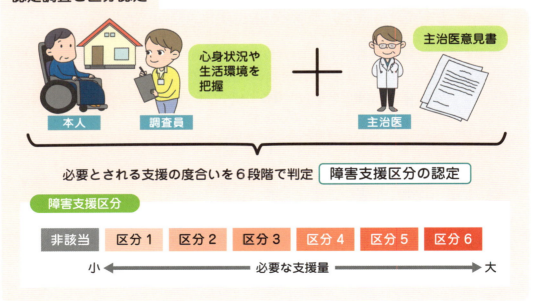

認定調査と区分認定

区分と支給決定

支援区分はあくまでも「判断材料の一つ」

● 障害支援区分は、障害の多様な特性とその他の心身の状態に応じて必要とされる「標準的な支援の度合い」を表す指標です。すなわち、サービスの種類や量を決定するための「判断材料の一つ」です。これにサービスの利用意向、家族等の介護者の状況、社会参加の状況、サービス等利用計画案とあわせて勘案し、個別に支給内容が決定されます。

障害支援区分と支給決定

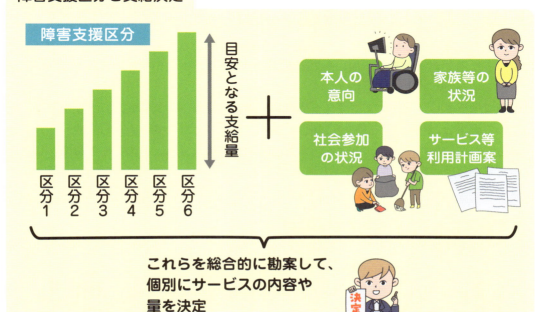

介護保険との違い　手間・時間だけで評価するわけではない

　介護保険制度でも、必要なサービス量を割り出すために、本人の心身の状態を把握する「要介護認定」が行われます。障害支援区分と似ていますが、違いもあります。

	障害者総合支援法：障害支援区分	介護保険法：要介護度
制度の趣旨	基本的人権を享有する個人としての尊厳にふさわしい日常生活又は社会生活を営むことができるよう（自らの生き方、暮らし方を選択し、実現できるよう）支援するしくみ	要介護状態等となった者について、尊厳を保持し、その有する能力に応じ自立した日常生活を営むことができるよう支援するしくみ
区分	区分1～6	要支援1～2、要介護1～5
区分が示すもの	障害の多様な特性やその他の心身の状態に応じて必要とされる標準的な支援の総合的な度合い	介護の手間（介護の時間）の総量

1章　障害福祉サービスのしくみ

4 障害福祉サービスの報酬と利用者負担

障害者総合支援制度において、利用できるサービスの利用者負担についてまとめました。

報酬・費用負担

全国一律の公定価格、利用者は1割を負担

- 提供される障害福祉サービスは、都道府県が条例で定める人員体制、設備、事業運営に関する基準に沿って実施され、その報酬は国が決定した支払い要件や価格に基づいて請求・支払が行われます。
- 事業者は提供したサービスに見合う報酬額（障害福祉サービス等報酬）を国の基準に基づいて算定し、利用者と市町村に請求します。利用者には1割を請求しますが、月ごとに上限が定められていて、上限を超えた分は請求されません。その分も含めて、残りは市町村が負担します。市町村が負担する額の2分の1は国が、4分の1は都道府県が"割り勘"するというルールになっています。

障害福祉サービスの報酬と費用負担

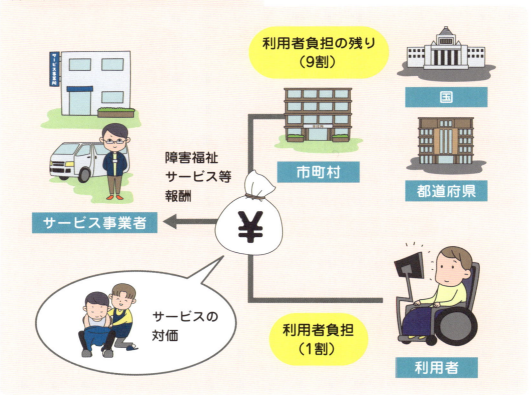

利用者負担

支払いは「負担上限月額」まで

● 利用者負担には1か月あたりの「上限額」が定められていて、それ以上は支払わなくてよいことになっています。上限額は所得によって以下のように設定されています。

障害者の負担上限額

区分	世帯（障害者本人と配偶者）の収入状況	負担上限月額
生活保護	生活保護被保護世帯	0円
低所得	市町村民税非課税世帯	0円
一般1	市町村民税課税世帯（所得割16万円未満）※	9,300円
一般2	市町村民税課税世帯（所得割16万円以上）	37,200円

※入所施設・グループホームの利用者は、所得割16万円未満でも「一般2」の区分

障害児の負担上限額

区分	世帯（保護者の属する世帯）の収入状況	負担上限月額
生活保護	生活保護被保護世帯	0円
低所得	市町村民税非課税世帯	0円
一般1	市町村民税課税世帯（所得割28万円未満）	4,600円
	施設入所の場合	9,300円
一般2	市町村民税課税世帯（所得割28万円以上）	37,200円

介護保険との違い **障害福祉のほうが上限額は低く設定されている**

　介護保険制度にも、高額介護サービス費という利用者負担の上限があります。上限額は障害福祉の方がかなり低く抑えられています。高額介護サービス費は、上限額を超えて支払った分が後日払い戻される方式です。

介護保険：高額介護サービス費の自己負担限度額

課税区分	所得区分	世帯の上限額
市町村民税非課税世帯	生活保護被保護者	15,000円
	● 合計所得金額と公的年金等収入額の合計が年80万円未満の人 ● 老齢福祉年金受給者	24,600円
	前年の合計所得金額と公的年金等収入額の合計が年80万円以上の者	24,600円
市町村民税課税世帯	課税所得380万円未満	44,400円
	課税所得380万円〜690万円未満	93,000円
	課税所得690万円以上	140,100円

1章　障害福祉サービスのしくみ

5 サービスの種類

障害がある人が受けられるサービスの概要を、場面別の一覧表に整理しました。まずは、全体像を押さえましょう。

提供されるサービス
暮らし・社会生活から「子どもの育ち」まで

- 障害がある人の暮らしや社会生活を支えるサービスは障害者総合支援法で、障害がある児童の発達支援は児童福祉法で、要件や支援内容が定められています。
- 成人は、障害者総合支援法の定めるサービスを利用できます。
- 児童は、児童福祉法の定めるサービスと、障害者総合支援法の定めるサービスの一部を利用できます。

※「児童可」の印のないサービスについても、児童の年齢が15歳以上で、児童相談所または精神保健福祉センターによって「利用が適当」と認められた場合は、成人と同様の手続きを経て利用することができる。

訪問・同行	日中活動支援／通所	短期入所／入居／入所・入院	地域での暮らしを支援	相談支援
居宅を訪問したり、本人の外出に同行して支援します	事業所・施設に通って、介護・生活支援や訓練を提供したり、就労の機会を提供したりします	短期または長期で受け入れて、介護や生活支援を提供します	安心して地域生活を送れるように支援します	相談を受けて助言したり、手続き支援を行ったり、ケアプランを作成したりします

訪問・同行

障害者総合支援法

居宅介護　[児童可]　[区分1以上]
ヘルパーが自宅を訪問し、入浴・排泄・食事などの介助、調理・洗濯・掃除などの援助、病院などへの付き添いを行います

重度訪問介護　[区分4以上]
常時の介護が必要な重度の障害のある人を対象に、ヘルパーが自宅に長時間滞在し、見守りとともに、身体介護、家事援助、外出時の移動支援などを行います

同行援護　[児童可]　[区分不要 別途要件あり]
視覚障害により移動に著しい困難を有する人を対象に、外出時の付き添い、移動に必要な情報の提供、外出先での介護などを行います

行動援護　[児童可]　[区分3以上＋別途要件あり]
知的障害や精神障害等により自己判断力が制限されている人を対象に、危険回避のための必要な支援や付き添いを行います

重度障害者等包括支援　[児童可]　[区分6のみ＋別途要件あり]
常時の介護が必要な重度の障害のある人を対象に、居宅介護、行動援護、生活介護、短期入所、就労継続支援など複数のサービスを包括的に提供します

児童福祉法

居宅訪問型児童発達支援　[児童のみ]
重度の障害などにより外出が著しく困難な障害児の居宅を訪問して、発達支援を行います

保育所等訪問支援　[児童のみ]
児童が通う保育所・幼稚園・小学校や入所している児童福祉施設に、専門知識のある職員が訪問して、集団生活に適応するための専門的な支援を行います

1章　障害福祉サービスのしくみ

日中活動支援／通所

障害者総合支援法

生活介護 〔区分3以上　50歳以上は区分2以上〕

日中、必要な介護を受けながら、健康維持のための運動やリハビリ、生産・創作活動に取り組んで、日中をアクティブに過ごすことを支援します

自立訓練 〔区分不要〕

理学療法や作業療法などで運動機能や日常生活動作の維持・向上を図る「機能訓練」と、生活リズムからコミュニケーションに至るまで生活能力の獲得をサポートする「生活訓練」があります

就労移行支援 〔区分不要　65歳到達前に支給決定を受ける必要あり〕

一般就労を希望する人に、一定期間、就労に必要な知識の習得及び能力向上のための訓練や、求職活動の支援を行います

就労継続支援A型 〔区分不要　65歳到達前に支給決定を受ける必要あり〕

一般就労が難しい人を対象に、生産活動の場を提供します。事業所と利用者とで雇用契約を結んで実施します

就労継続支援B型 〔区分不要〕

一般就労が難しい人を対象に、生産活動の場を提供します。自分のペースで継続できるよう、雇用契約は結ばずに実施します

就労定着支援 〔区分不要〕

一般就労に移行した人が長く働き続けられるように、本人に伴走して就労後の相談を受け付け、課題解決の支援を行います

就労選択支援 〔区分不要〕

就労先・働き方について、本人の希望を聞き、就労能力や適性等をアセスメントのうえ、選択を支援します

児童福祉法

児童発達支援 〔児童のみ〕

未就学の児童を対象として、通所により、日常生活の基本的な動作の指導、知識技能の付与、集団生活への適応訓練などの支援を行います

放課後等デイサービス 〔児童のみ〕

就学中の児童を対象として、放課後や休校日に、生活能力向上のための必要な訓練、社会との交流促進などの支援を行います

短期入所／入居／入所・入院

障害者総合支援法

短期入所（ショートステイ）
[児童可] [区分1以上]

自宅で日頃介護を行う人が病気などで介護ができなくなったときや、息抜きを図る必要があるときに、施設で短期間の入所を受け入れて、身体介護などの支援を行います

共同生活援助（グループホーム）
[介護を伴う場合は区分1以上 伴わない場合は区分不要]

地域内で共同生活を送れる住居を確保して、障害を有する人の入居を受け入れ、日常生活の援助や介護を行います。一人暮らし等への移行を希望する入居者には、移行のための支援を行います

（※日中は地域の自立訓練や就労支援などを利用して過ごすことになるので、共同生活援助が対応する時間帯は主に夜間）

施設入所支援
[原則区分4以上 50歳以上は区分3以上]

障害者支援施設で入所を受け入れて、入浴、排せつ、食事などの介助、日常生活上の援助を行います。グループホームや一人暮らし等への移行を希望する入所者には、移行のための支援を行います

（※日中はおおむね同一施設内または他事業所の生活介護や自立訓練などを利用して過ごすことになるので、施設入所支援として対応する時間帯は主に夜間）

療養介護
[区分5以上＋別途要件あり]

医学的管理と介護を常時必要とする重度の障害のある人を対象に、長期療養対応の医療機関で受け入れて、機能訓練や療養上の管理、看護、介護、日常生活の支援を行います

児童福祉法

福祉型障害児入所施設
[児童のみ]

障害児施設で児童の入所を受け入れて、保護、日常生活の指導および知識技能の付与を行います

医療型障害児入所施設
[児童のみ]

障害児施設または指定医療機関で児童の入所・入院を受け入れて、保護、日常生活の指導および知識技能の付与ならびに治療を行います

1章 障害福祉サービスのしくみ

25

地域での暮らしを支援

自立生活援助 〔区分不要〕
地域で暮らす障害者の"困りごと"に対応するべく、定期的な訪問で生活状況を確認し、本人からの連絡を受けて必要な対応を随時行ったり、各種手続きを支援したりします

地域移行支援 〔区分不要〕
障害者支援施設や精神科病院等に入所・入院している人を対象に、地域生活への移行に向けた相談に応じ、本人に伴走して住居の確保をはじめとする各種手続きを支援します

地域定着支援 〔区分不要〕
居宅で単身生活する人、同居家族から支援が見込めない人を対象に、常時の連絡体制を確保し、不安なときやトラブルが起きたときにSOSを受け、必要な支援を行います

障害者総合支援法

相談支援

サービス利用支援 〔区分不要〕
サービス利用の申請者に伴走してアセスメント、サービス等利用計画・計画案の作成、事業者や関係機関との連絡調整など、一連の流れをサポートします

継続サービス利用支援 〔区分不要〕
サービスの提供状況やニーズの充足状況を定期的に検証し、必要に応じてサービス提供事業者等との連絡調整や計画見直しを行います

障害者総合支援法

障害児支援利用援助 〔児童のみ〕
児童・保護者に伴走してアセスメント、障害児支援利用計画・計画案の作成、事業者等や関係機関との連絡調整など、一連の流れをサポートします

継続障害児支援利用援助 〔児童のみ〕
サービスの提供状況やニーズの充足状況を定期的に検証し、必要に応じてサービス提供事業者等との連絡調整や計画見直しを行います

児童福祉法

地域生活支援事業

市町村ごとに実施される事業

● p.23 〜 26 に掲げたのは、全国共通の基準・報酬体系のもとで提供されるサービスです。このほか、市町村ごとに地域のニーズや地理的条件、社会資源の状況などをふまえて実施しているサービスがあります。これを「地域生活支援事業」といいます（下表）。

地域生活支援事業の内容

● 移動支援事業	ガイドヘルパーが社会参加や余暇活動等にかかる外出を支援
● 地域活動支援センター	創作的活動・生産活動の機会の提供、社会との交流等を促進
● 意思疎通支援事業	手話通訳者または要約筆記者を派遣
● 日中一時支援	日中、一時的に見守りや介護が必要な人を施設で受け入れて支援
● 訪問入浴サービス	巡回入浴車で訪問して居宅での入浴支援を提供
● 福祉ホーム	低額な料金で居室等を提供、日常生活に必要な支援を実施

6 「介護保険優先」の原則

高齢の障害者については、原則として障害福祉サービスよりも介護保険のサービスが優先されるというルールがあります。

重複するサービスの取り扱い
介護保険が使える人は、介護保険を使う

- 介護保険制度は加齢に伴う介護ニーズに対して必要な自立支援のサービスを提供するしくみですが、障害者総合支援制度のサービスとも重なるところがあります。その"重複したサービス"については、「原則として介護保険の給付を優先する」というルールが、障害者総合支援法の第7条に定められています。
- 具体的には、65歳以上の人（介護保険第1号被保険者）と、40歳～64歳（同第2号被保険者）で特定疾病に該当する人が、介護保険と障害福祉のどちらにも存在するサービス（ホームヘルプ、通所サービス、ショートステイ）を利用する場合には、介護保険のサービスを利用するようにする、という決まり事です。

介護保険が優先される3つのサービス

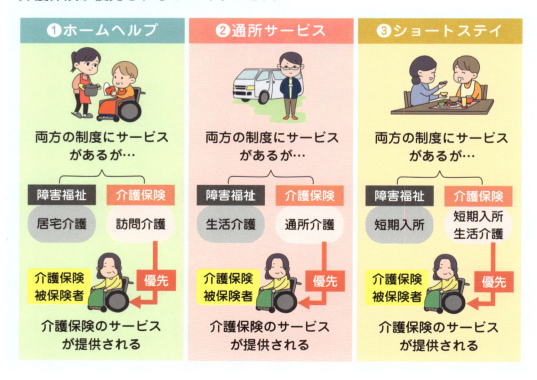

原則と例外
障害福祉から提供が可能な場合もある

● 原則はあくまでも「原則」であって、厚生労働省は「一律かつ機械的に判断しないように」という通知や事務連絡を市町村に発し、注意喚起しています。特に下図のような場合は、障害福祉からのサービス提供が可能であると例示しています。

障害福祉サービスの提供が可能な3つのパターン

ミニ情報　なぜ「介護保険優先」なの？

　介護保険は、国内に住むすべての40歳以上から保険料を徴収して財源に充てています。これに対して、障害福祉は全て公費（税財源）で運営されています。両方使えるのであれば、全国民共通の介護保険を利用したほうが制度の安定性を確保でき、運営の効率化に資するということで、介護保険が優先されることになっています。

第2章

障害福祉サービスの利用方法

サービスの利用にあたって必要となる手続きや申請の内容について、実際の業務の流れに沿って解説します。

1 利用申請からサービス開始までの流れ

サービスの利用を申請してから開始までの流れをまとめました。まずは、時系列でその内容を押さえましょう。

「調査」「計画案作成」「支給決定」

- 障害福祉サービスを利用するための手続きは下図のような流れです。相談（①）のうえ利用申請（②）を行うことが出発点となり、計画案の作成（③⑥）と市町村による調査（④⑤）が前後して行われ、市町村がサービスの内容・量を決定します（⑦）。
- 支給決定のあとに、関係者間の調整（⑧）を経て本計画がまとめられ（⑨）、さらに各事業者ごとに個別支援計画を作成して、サービスが開始されます（⑩）。

相談・利用申請からサービス開始までの流れ

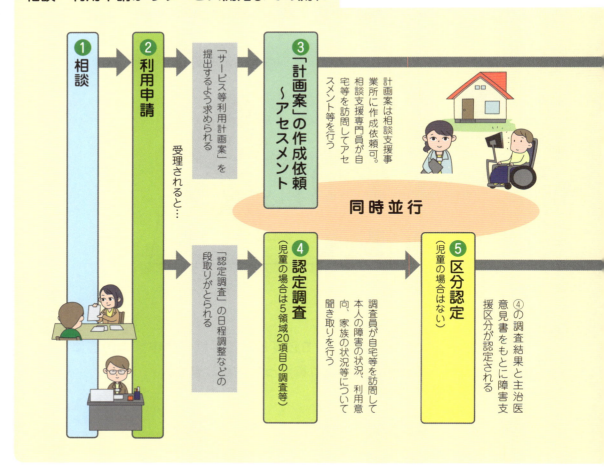

仮案と本計画、ケアプランは2度提出する

- 障害福祉サービスを利用するまでに、「計画案」と「本計画」をそれぞれ作成して、市町村に提出する必要があります（下図⑥⑨）。
- 「計画案」は、市町村が支給決定を行うための検討材料に用いられるもので、本人の心身の状況、おかれている環境、サービスの利用意向などを積み上げて作成される、いわばケアプランの「仮案」です。正式名称は、成人の場合は「サービス等利用計画案」、児童の場合は「障害児支援利用計画案」となっています。
- 「本計画」は、サービス提供の適切なマネジメントに用いられるもので、支給決定後に各サービス事業者との調整も済ませた「完成版」の位置づけです。正式名称は、成人の場合は「サービス等利用計画」、児童の場合は「障害児支援利用計画」となっています。

★利用申請から支給決定までの期間は、2か月～2か月半が目安となっています。

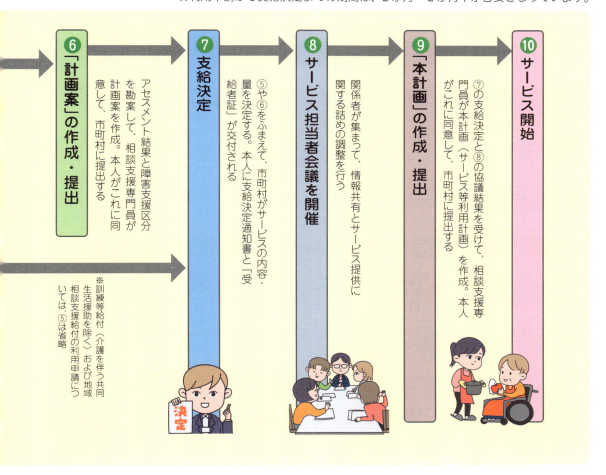

⑥「計画案」の作成・提出
アセスメント結果と障害支援区分を勘案して、相談支援専門員が計画案を作成。本人がこれに同意して、市町村に提出する

⑦支給決定
⑤や⑥をふまえて、市町村がサービスの内容・量を決定する。本人に支給決定通知書と「受給者証」が交付される

⑧サービス担当者会議を開催
関係者が集まって、情報共有とサービス提供に関する詰めの調整を行う

⑨「本計画」の作成・提出
⑦の支給決定と⑧の協議結果を受けて、相談支援専門員が本計画（サービス等利用計画）を作成。本人がこれに同意して、市町村に提出する

⑩サービス開始

※訓練等給付（介護を伴う共同生活援助を除く）および地域相談支援給付の利用申請については、⑤は省略

2 相談・利用申請

サービスを利用するには、障害者本人または障害児の保護者が市町村に申請することが必要です。

申請先と相談窓口
利用申請は市町村、その前にまず相談

- 利用申請のための窓口は、障害児・者にかかわらず、市町村の役所内の「障害福祉」を担当する部署です。「障害福祉課」や「障害支援課」といった名称であることが一般的です。総合案内で障害福祉サービスを受けたい旨を伝えれば、案内してもらえます。
- ただし、「障害児入所施設」の利用にかかる窓口は、「児童相談所」となります。
- 申請手続きに先立って、まずは悩みごと・困りごとを受け止める公的な相談窓口に相談することが推奨されます。受け付けているのは、「基幹相談支援センター」または「相談支援事業所」です。相談員が現在の課題を整理し、どのような支援が必要なのかを一緒に考えてくれます。

相談支援事業所	基幹相談支援センター
障害者本人や家族から相談を受け、助言や情報提供、支援にかかる計画の作成、関係機関との連絡調整などを行う事業所。	地域の障害者向けの相談支援で中核的な役割を担う機関。サービス利用の有無にかかわらず、"生きづらさ"を抱える障害者等がなんでも相談できる窓口。

事前相談から市町村へ申請

先に相談してから → **申請する**

相談支援事業所／基幹相談支援センター
- 悩みごと・困りごとを受け止め、課題を整理し、必要な支援を一緒に考えてくれる
- 申請書の作成や申請手続きの代行も依頼できる

市町村の障害福祉担当窓口
- 役所のなかの「障害福祉課」や「障害支援課」といった名称の部署

申請する人
成人は本人、児童は保護者、代行も可

- 18歳以上の場合は障害者本人、18歳未満の場合は保護者が「申請者」となります。知的障害、精神障害等により判断能力を欠いて成年後見人が選任されている場合は、成年後見人が障害者本人に代わって利用申請を行うこととなります。
- 窓口での利用申請の手続きは、必ずしも申請者本人が行う必要はなく、代理・代行が認められています。委任状等の書類の提出を求めるかどうかは、市町村ごとに対応が異なります。事前に相談を持ち掛けた相談支援事業者にも代行を依頼できます。

直接申請と代行申請

申請時の必要書類
障害を有することの証明書類など

- 障害者手帳など「障害を有すること」を証明できる書類と、申請者のマイナンバーカードまたは個人番号通知カード（18歳未満の場合は本人と保護者のもの）が必要となります。

必要事項を記入して提出するもの	
①障害福祉サービス支給申請書	②世帯状況・収入申告書（同意書）

申請時に提示が必要なもの		
①障害者手帳など障害を有することを確認できる書類	②マイナンバーカードまたは個人番号通知カード	③現に支給決定を受けている場合には「障害福祉サービス受給者証」

第2章　障害福祉サービスの利用方法

申請が受理された後

「利用計画案」の作成を求められる

- 窓口に申請書を提出し、書類が受理されると、その場で一つの"宿題"が出されます。それは、「サービス等利用計画案（児童の場合は「障害児支援利用計画案」）」という書類を作成して期日までに役所に提出してほしい、というものです。これは、市町村が支給決定するうえで必ず申請者に依頼している所定の手続きです。
- この提出依頼は、口頭による説明とあわせて書類も手渡されます。成人の場合は「サービス等利用計画案提出依頼書」、児童の場合は「障害児支援利用計画案提出依頼書」という名称の書類です。
- サービス等利用計画案・障害児支援利用計画案（以下「計画案」）とは、現在の心身の状況や生活状況、現状でどのような困りごとがあるか、どのようなサービスをいつどのくらい利用することを希望・想定しているか、などを示した「ケアプランの仮案」のことです。障害者総合支援制度等では、申請者がこの計画案を自ら作成して（通常は相談支援事業者に委託）提出し、市町村はその内容を参考にして、区分認定結果などとあわせて支給決定する流れとなっています。
- つまり、適切な支給決定を得るには、適切な計画案を提出する必要がある、ということです。

窓口で手渡される「計画案提出依頼書」

窓口で手渡される計画案提出依頼書

- サービス等利用計画案は、申請者が「自作」するか、相談支援事業者に委託して作成してもらう

計画案を作成する人
原則として相談支援事業者に委託

- 計画案は、原則として専門の事業者（相談支援事業者）に作成を委託します。委託費用は無料です。市町村の窓口では圏内の相談支援事業所のリストが計画案提出依頼書とともに配られます。
- 身近な地域に相談支援事業所がない場合、または本人（18歳未満の場合は保護者）が希望する場合は、本人や家族等による作成・提出も認められています。
- 相談支援事業者に作成を委託する場合は、事業所リストから選んで電話等で連絡を取ります。成人の場合は特定相談支援事業者、児童の場合は障害児相談支援事業者です。

2章 障害福祉サービスの利用方法

相談支援事業者に計画等作成を依頼

「サービス等利用計画案」の作成は、そちらでお願いできますか？
申請者

承りました。それでは一度ご自宅までお伺いいたしましょう。
相談支援事業者

簡単な確認とともに、自宅訪問のためのアポイントが行われる

介護保険との違い　限度額の制約の有無

　介護保険のケアプランは、要介護認定によって決定される「区分支給限度額」から逆算して立てられますが、障害福祉サービスの計画案は、給付量の総枠が固まる前に、心身の状況、生活状況、サービスの利用意向などを積み上げて作成します。

3 障害支援区分の「認定調査」

本人の障害の程度やその他心身の状況、家族の状況、本人のおかれた状況、利用意向などを把握するための「調査」を行います。

（1）18歳以上（障害者）の利用申請の場合

- 市町村の調査員が本人の自宅等を訪問して、支給決定に必要となる事項を把握するための調査が行われます。調査の内容は、「移動や動作」「身の回りの世話や日常生活等」「意思疎通」「行動障害」「特別な医療」に関するもので、全部で80項目にのぼります。さらに、サービス利用意向や家族の状況等について聞き取りが行われます。
- 認定調査後の流れは、サービスによって異なります。

①介護給付のサービスの場合

主治医から意見書を得て、認定調査の結果とあわせて判定が行われ、障害支援区分が認定される。区分および調査によって得られた情報を検討材料の一つとして、支給の要否や内容・量が決められる。

②訓練等給付、地域相談支援給付のサービスの場合

障害支援区分の認定は行われない。調査によって得られた情報を検討材料の一つとして、支給の要否や内容・量が決められる。

障害者の調査のイメージ

家族

家族等の支援者がいる場合は、立ち会いが可能なように日程調整

本人 / 調査員

調査は原則として自宅等を訪問。入院中・入所中の場合は、病院や施設等に出向く

市町村職員または委託を受けた相談支援事業所の相談支援専門員等

認定調査と判定の流れ（18歳以上）

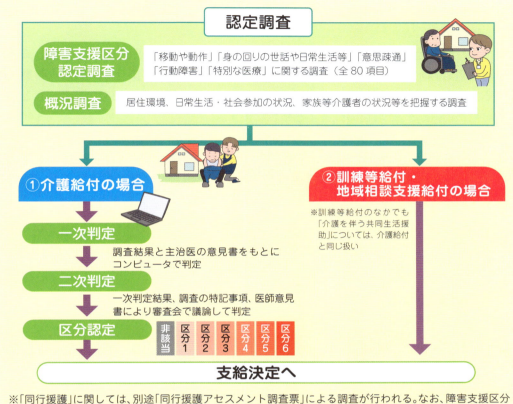

※「同行援護」に関しては、別途「同行援護アセスメント調査票」による調査が行われる。なお、障害支援区分が3以上と見込まれない場合は、認定調査から区分認定までのプロセスが省略される。

18歳以上の人が利用できるサービス

（2）18歳未満（障害児）の利用申請の場合（※通所給付）

- 市町村の調査員が児童の生活する自宅等を訪問して、障害の程度やその他心身の状況をはじめ、支給決定に必要となる事項を把握するための調査が行われます。なお、自宅訪問は行わずに、利用申請の際にその場（窓口）で調査項目の聞き取りを行う市町村もあります。
- 児童は、成長過程にあって時間の経過とともに心身の状況が変化しやすいため、成人向けの調査とは別建ての調査票で調査が実施されます。食事・排せつ・入浴・移動に関する介助の必要の有無、行動障害及び精神症状の頻度を評価する簡素な調査項目となっており、「5領域20項目の調査」と称されます。
- 乳幼児期の医療的ケア児については、5領域20項目の調査に加えて「医療的ケアの判定スコアの調査」の医師の判断をふまえて、支給の要否及び支給量が決定されます。
- 市町村は、支給決定にあたって必要があると認めた場合は、児童相談所等から意見を聴取することとしています。

> 障害児の支給決定にあたっては、障害支援区分の認定は行われません。

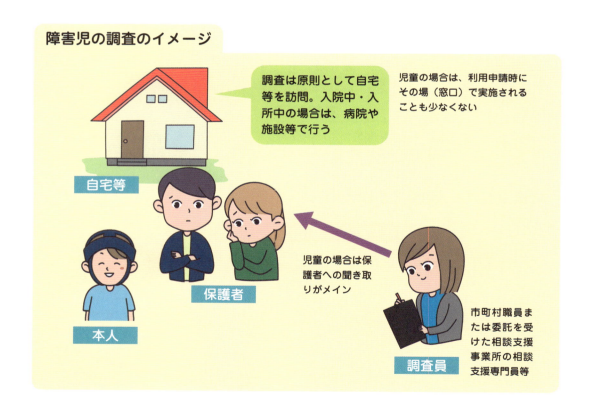

障害児の調査のイメージ

調査と判定の流れ（18歳未満）

調査 心身の状況に関する「5領域20項目の調査」を実施

以下の場合は調査のプロセスが追加されます

- 乳幼児期の医療的ケア児 → 主治医による「医療的ケアの判定スコア」の判定を追加（保護者が判定スコアの調査を望まない場合は省略可）
- 「行動援護」の利用を希望 → 成人対象の「障害支援区分認定調査」のなかの行動関連分野（12項目）の調査を追加実施
- 「重度障害者等包括支援」の利用を希望 → 成人対象の「障害支援区分認定調査」をすべて実施
- 成人対象のサービス※を受ける → 成人対象の「障害支援区分認定調査」をすべて実施
  ※下図で文字色がグレーになっているもの

↓

支給決定へ

※「同行援護」の利用に関しては、まず「同行援護アセスメント調査票」による調査が行われる。

18歳未満の人が利用できるサービス

障害者総合支援法に基づくサービス

サービス分類

介護給付
- 児 ・居宅介護
- ・重度訪問介護
- 児 ・同行援護
- 児 ・行動援護
- 児 ・短期入所
- ・生活介護
- ・療養介護
- ・施設入所支援
- 児 ・重度障害者等包括支援

訓練等給付
- ・自立訓練
- ・就労移行支援
- ・就労定着支援
- ・就労継続支援A型・B型
- ・共同生活援助
- ・自立生活援助

地域相談支援給付
- ・地域移行支援
- ・地域定着支援

児童福祉法に基づくサービス

障害児通所給付
- ・児童発達支援
- ・放課後等デイサービス
- ・居宅訪問型児童発達支援
- ・保育所等訪問支援

障害児入所給付
- ・福祉型障害児入所施設
- ・医療型障害児入所施設

※障害者総合支援法のサービスでも 児 がついているサービスは、障害児も利用できる。それ以外のものでも、15歳以上の児童について児童相談所または精神保健福祉センターが利用の必要性を認めて市町村に通知した場合は、利用できる場合がある。

成人を対象とした「認定調査」の80項目

1 移動や動作等に関連する項目（12項目）

1 寝返り／2 起き上がり／3 座位保持／4 移乗／5 立ち上がり／6 両足での立位保持／7 片足での立位保持／8 歩行／9 移動／10 衣服の着脱／11 じょくそう／12 えん下

2 身の回りの世話や日常生活等に関連する項目（16項目）

1 食事／2 口腔清潔／3 入浴／4 排尿／5 排便／6 健康・栄養管理／7 薬の管理／8 金銭の管理／9 電話等の利用／10 日常の意思決定／11 危険の認識／12 調理／13 掃除／14 洗濯／15 買い物／16 交通手段の利用

3 意思疎通等に関連する項目（6項目）

1 視力／2 聴力／3 コミュニケーション／4 説明の理解／5 読み書き／6 感覚過敏・感覚鈍麻

4 行動障害に関連する項目（34項目）

1 被害的・拒否的／2 作話／3 感情が不安定／4 昼夜逆転／5 暴言暴行／6 同じ話をする／7 大声・奇声を出す／8 支援の拒否／9 徘徊／10 落ち着きがない／11 外出して戻れない／12 １人で出たがる／13 収集癖／14 物や衣類を壊す／15 不潔行為／16 異食行動／17 ひどい物忘れ／18 こだわり／19 多動・行動停止／20 不安定な行動／21 自らを傷つける行為／22 他人を傷つける行為／23 不適切な行為／24 突発的な行動／25 過食・反すう等／26 そう鬱状態／27 反復的行動／28 対人面の不安緊張／29 意欲が乏しい／30 話がまとまらない／31 集中力が続かない／32 自己の過大評価／33 集団への不適切／34 多飲水・過飲水

5 特別な医療に関連する項目（12項目）

1 点滴の管理／2 中心静脈栄養／3 透析／4 ストーマの処置／5 酸素療法／6 レスピレーター／7 気管切開の処置／8 疼痛の看護／9 経管栄養／10 モニター測定／11 じょくそうの処置／12 カテーテル

● 障害支援区分認定の有効期間は、基本的に「3年」です。ただし、障害者の心身の状況から状態が変動しやすいと考えられる場合などについては、審査会の意見に基づいて「3か月以上3年未満」の範囲で有効期間を短縮できることとなっています。

児童を対象とした「5領域20項目の調査」

1 健康・生活
（1）食事
（2）排せつ
（3）入浴
（4）衣類の着脱

2 感覚・運動
（5）感覚器官（聞こえ）
（6）感覚器官（口腔機能）
（7）姿勢の保持（座る）
（8）運動の基本技能（目と足の協応）
（9）運動の基本的技能（移動）

3 認知・行動
（10）危険回避行動
（11）注意力
（12）見通し（予測理解）
（13）見通し（急な変化対応）
（14）その他

4 言語・コミュニケーション
（15）2項関係（人対人）
（16）表出（意思の表出）
（17）読み書き

5 人間関係・社会性
（18）人とのかかわり（他者への関心興味）
（19）遊びや活動（トラブル頻度）
（20）集団への参加（集団参加状況）

コミュニケーション（中学生・高校生のみ）
（21）コミュニケーション（言葉遣い）
（22）コミュニケーション（やり取り）
（23）コミュニケーション（集団適応力）

介護保険との違い　評価の仕方や審査の着眼点

　要介護度は、現在の環境で自立した日常生活を送るうえで「足りない部分・程度」を測定することを目的とした指標です。
　一方、障害支援区分認定は、障害をもつ人が「自らの生き方・暮らし方を選択して実現する」うえで必要な支援の内容・量を検討することを目的とした指標です。そのため、評価の仕方や審査の着眼点に、次のような違いがあります。

	障害支援区分（障害福祉）	要介護度（介護保険）
認定調査の考え方	●「できたりできなかったりする場合」は、「できない状況」に基づき評価 ●「単身」での暮らしを想定して評価	●「できたりできなかったりする場合」は、「より頻回な状況」に基づき評価 ●生活環境や本人のおかれている状態等も含めて評価
審査会の考え方	対象者に必要とされる支援の度合いが一次判定結果に相当するか検討	通常に比べ、介護の手間がより「かかる」か、「かからない」かを検討

4 計画案の作成・提出

計画案作成を依頼すると、相談支援事業所の相談支援専門員が自宅等を訪ねてきます。契約を交わし、計画案作成のためのアセスメント等が行われます。

- 以下は、相談支援事業者に計画案を委託した場合の流れを説明しています。計画案は、本人や家族が自作して提出することも認められています（セルフプラン）。

相談支援事業所に「計画案の作成」を依頼すると、ニーズ把握やプランニングを行う相談支援専門員が事業所から派遣され、申請者の自宅等に訪ねてきます。

❶ インテーク　【初回面接で実施】

全体像の説明、関係性の構築、課題の共有

- 相談支援専門員は、制度の概要やサービス利用開始までの流れ、自分たちが協力できることなどを簡単に説明します。
- 並行して、サービス等利用計画案提出依頼書と、障害を有することを確認できる書類の提示を申請者に求め、あわせてサービス利用申請に至った経緯、現在の困りごとやどうしたいかの意向などを申請者に質問します。

まず今後の流れと、私たちがお手伝いできることをご説明します

❷ 契約　【初回面接で実施】

相談支援事業所と申請者間で「利用契約」を交わす

- 計画案作成に向けた具体的な聞き取りに入る前に、相談支援事業所と申請者との間で「利用契約」を交わします。
- これにより相談支援事業所は、制度に位置づけられた「計画相談支援」（児童の場合は「障害児相談支援」）の一環として、アセスメントやプランニング、各種の手続き支援を申請者に対して提供できるようになります。
- なお、契約を交わすタイミングは事業所によって異なります。

● 契約締結で交わされる書類
重要事項説明書 / 利用契約書 / 個人情報使用同意書

❸ アセスメント

（初回面接で実施（複数回に分けて実施されることも））

計画案の作成のため、必要な情報を集める

- 相談支援専門員は、計画案作成のため、本人の心身の状況、居住環境、日常生活の状況や社会参加の状況、生活歴、本人・家族の意向や希望などを、観察や聞き取りによって確認します。

居住環境 / 社会参加の状況 / 日常生活の状況 / 困っていること　**申請者**

暮らし方・生き方の希望、やりたいこと / 本人の心身の状況 / 生活歴　**相談支援専門員**

❹ プランニング

（事業所で作成）

課題に対応する最適な支援の組み合わせを計画

- 相談支援専門員がアセスメント結果をもとに、最適な支援の組み合わせを検討し、計画案に落とし込みます。

● **サービス等利用計画案の記載事項**
① 利用者及びその家族の生活に対する意向
② 総合的な援助の方針
③ 生活全般の解決すべき課題
④ 提供される福祉サービス等の目標及びその達成時期
⑤ 福祉サービス等の種類、内容、量
⑥ 福祉サービス等を提供する上での留意事項
⑦ モニタリング期間

❺ 説明と同意〜提出

（計画案の素案完成後に実施）

素案の提示を受け、納得すれば署名→市町村に提出

- 計画案の素案ができたら相談支援専門員はこれを申請者宅に持参し、内容を説明します。
- 申請者は自身の意思に沿った計画案ができていれば、これに署名し、市町村に提出します。実務的には、相談支援事業者が提出を代行するケースが一般的です（この場合は写しを申請者に交付）。

これでOKです / いかがでしょう？

市町村に提出

2章 障害福祉サービスの利用方法

5 支給決定

「調査・認定の結果」や「サービス等利用計画案」により、市町村で支給の要否や内容・量が決定されます。

個々の事情を勘案し、公平公正に支給決定

- サービス等利用計画案の提出を受けた市町村は、障害支援区分の判定結果や認定調査から得られた情報とあわせて、以下を勘案して、支給の要否およびサービス内容・量を決定します。
  - 障害の種類・程度、本人等のおかれている環境
  - 本人等の意向
  - いま受けている支援の状況
  - サービス等利用計画案の記載内容
  - 地域のサービス提供体制の整備状況
- 支給決定は、市町村ごとに定める支給決定基準等に照らして公平公正に行われます。支給決定基準等は、国の定める「国庫負担基準」という目安を参照して設定されます。

障害支援区分や利用計画案をもとに支給決定

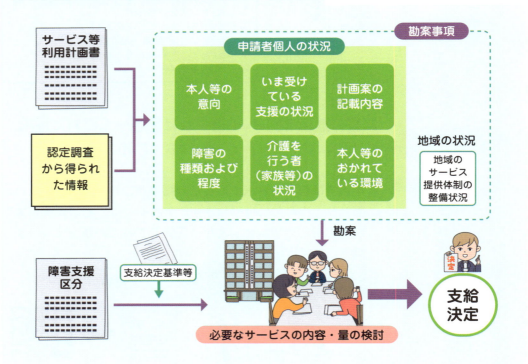

「受給者証」の内容

- 決定内容は、申請者に郵送で通知されます。サービス支給が決まった場合には、あわせて「受給者証」が交付されます。
- 支給決定には「有効期間」があります。有効期間を超えて利用を継続する場合は、有効期間内に更新手続きを済ませておく必要があります。

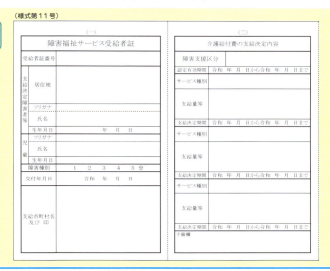

受給者証の例

● 受給者証に記載される内容

受給者証番号／本人の住所・氏名・生年月日／交付年月日／支給市町村
障害支援区分／認定有効期間／サービス種別／支給量等／支給決定期間
指定特定相談支援事業者名／支給期間／モニタリング期間
利用者負担上限額／負担上限月額適用期間

サービスごとの支給決定の有効期間

有効期間	該当するサービス
最長1年	居宅介護、重度訪問介護、同行援護、行動援護、短期入所、重度障害者等包括支援、自立訓練、就労移行支援（養成施設を除く）、就労定着支援、自立生活援助、地域定着支援、児童発達支援、放課後等デイサービス、居宅訪問型児童発達支援、保育所等訪問支援
最長3年	療養介護、生活介護、施設入所支援、就労継続支援、共同生活援助、障害児入所支援 ※ただし、支給決定時に50歳未満の就労継続支援B型利用者については1年
最長6か月	地域移行支援

6 「本計画」の作成・提出

サービス担当者会議により関係者間での情報共有・意見交換を経たうえで「本計画」を確定させ、申請者の同意を得て市町村に提出します。

- 市町村から受給者証が届いたら、申請者はすみやかに相談支援事業所に連絡します。相談支援専門員の呼びかけで、「サービス担当者会議」という会議が開かれます。申請者本人もこれに参加します。

① サービス担当者会議の開催

関係者が一堂に会して情報共有と調整

- サービス担当者会議とは、本人・家族、関係者が一堂に会して、情報共有と"詰めの調整"を行う会議です。
- 支給決定されてから実際にサービスが開始されるまでに必ず開かなければならない会議です。
- なお、本人や家族が計画案を自作して提出した場合（セルフプラン）は、サービス担当者会議の開催は必須ではありません。

> ● 参加者
> - 相談支援専門員
> - 支援にかかわるサービス事業所や施設等の担当者
> - インフォーマルサポートの支援者
> - （必要に応じて）医療・行政・学校など関係機関の担当者
> - 本人、家族など

- 原則としては関係者全員の参加が求められますが、全員参加が難しい場合は主要な支援者を優先し、欠席者に対して別途意見を聴取することでも可とされています。
- 運営基準の改正により、2024年4月からは原則として本人参加となりました。
- 通常は市町村や事業所の会議室、申請者の自宅などで行われます。やむをえない場合はリモート開催も認められています。

市町村や事業所の会議室／申請者の自宅などで実施

※リモート開催も可

❷ 本計画の提出

「本計画」を確定し、提出・共有

- 相談支援専門員は、計画案を下敷きに、支給決定やサービス担当者会議の内容を反映させて「本計画」を作成します。
- 計画案のときには記載のなかったサービス事業者名や利用者負担上限額が、ここで追記されます。
- 本計画ができ上がったら申請者のもとに持参し、中身を説明します。申請者は、内容に同意できれば署名し、市町村に提出します。実務的には、相談支援事業者が提出を代行するケースが一般的です（写しを申請者に交付）。
- こうして確定された本計画の写しを、相談支援専門員は各サービス事業者や支援者全員に交付します。

> ● セルフプランの場合
> 本人や家族が計画案を自作して提出した場合（セルフプラン）については、改めて本計画を作成・提出する必要はありません。ただし、セルフプランの内容について、サービス事業者と共有しておくことが必要です。

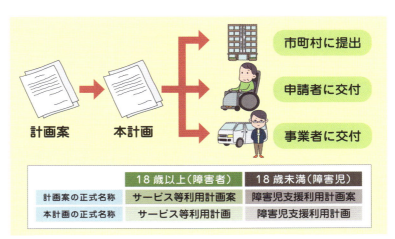

❸ サービス事業者と契約

各サービス事業者が「個別支援計画」を作成

- 各サービス事業者と申請者間で、個別にサービス提供にかかる契約を交わします。
- サービス事業者はサービス等利用計画・障害児支援利用計画をもとに、自ら提供するサービスの個別支援計画を作成します。

❹ サービス開始

サービスの利用開始

7 サービス開始後のモニタリング

サービス開始後も相談支援専門員が定期的に訪問して状況を確認し、必要に応じて連絡調整や計画見直しを行います。

状況を定期的に確認して、支援内容をアップデート

- 相談支援事業所の相談支援専門員は、「サービスが開始されるまで」だけではなく、「サービスが開始されてから」も本人に伴走して、サービスが生活課題の解決に役立っているか、ニーズや利用意向とのずれが生じていないか、などを定期的に把握し（モニタリング）、適宜、サービス事業者等との連絡調整や計画の見直しを行います。
- モニタリングは、生活環境を把握するために居宅訪問が必須です。ただし、月に複数回のモニタリングを実施する場合は、少なくともそのうち1回が訪問によって実施したものであれば、残りはオンラインの面談でもよいこととされています。
- 相談支援専門員は、モニタリングの一環としてサービス提供事業者等とも定期的に連絡をとり、本人の様子やサービスの利用状況を把握します。
- モニタリングは、受給者証に記された月に実施されます。なお、本人や家族が計画案を自作して提出した場合（セルフプラン）については、モニタリングは行われません。

定期的に訪問して状況を確認

訪問は必須！

相談支援事業所 → 相談支援専門員　本人（居宅等）

モニタリング期間は市町村が個別に設定

- モニタリング期間は、国の定める「標準モニタリング期間」をもとに、サービス等利用計画案の記載内容を勘案して、市町村が個別に設定しています。
- 標準モニタリング期間は、下図のようにサービス種別ごとに「3か月に1回」または「6か月に1回」とされ、新規利用者等および集中的支援が必要な在宅の障害児・者については「1か月に1回」とされています。なお、在宅で介護保険のケアマネジメントを受けていない65歳以上の人は「3か月に1回」となっています。

標準モニタリング期間

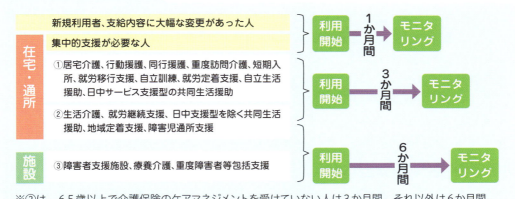

※②は、65歳以上で介護保険のケアマネジメントを受けていない人は3か月間。それ以外は6か月間。

介護保険との違い　モニタリングの実施の頻度が「一律」ではない

　介護保険制度におけるモニタリングは、施設サービスや介護予防サービスを除いて「1か月に1回実施しなければならない」という一律のルールがありますが、障害福祉サービスでは市町村が個別に頻度を決定します。

障害福祉サービスのモニタリング

国の定める「標準的なモニタリング期間」やサービス等利用計画案をもとに、市町村が個別に頻度を決定

市町村の決定に沿って実施

頻度は利用するサービスや利用者の状況に応じて異なる

相談支援事業所の相談支援専門員

介護保険サービスのモニタリング

運営基準によって頻度も指定

居宅介護支援	介護予防支援	施設サービス
1か月に1回	3か月に1回	定期的に実施

居宅介護支援事業所等の介護支援専門員

施設に勤務する介護支援専門員

第2章　障害福祉サービスの利用方法

8 利用料金等の支払い

サービスの利用にあたって利用者が支払うことになる費用負担の内容について押さえましょう。

サービス利用料の1割と「実費」が請求される

- サービスを利用すると、利用者は事業者に「利用者負担」を支払う必要があります。サービスの価格は種類・量や提供体制ごとに国によって定められていて、利用者は実際にかかった費用の「1割」を負担します。
- この1割の利用者負担以外にも、利用内容によって、別途費用がサービス事業者から請求されます。
- これらの費用は、通常は月ごとにまとめて事業者から請求がなされ、事業者の提示する支払方法（口座引き落とし、振込、クレジットカード払い、電子マネー決済等）のなかから、利用者が選択した方法で支払うものとされます。

利用者負担（1割負担）以外に必要となる負担費目

- 食費、光熱水費、日用品費などのいわゆる「実費」（サービス利用の有無にかかわらず、生活上発生する経費）は、利用者による負担となります。外出への同行サービスにおけるヘルパー分の交通費等も利用者負担となります。

訪問系のサービス、相談支援
- エリア外の事業所から訪問を受けた場合の交通費実費

外出への同行サービス
- ヘルパー分の交通費
- ヘルパー分の必要経費（入場料等）

通所系のサービス
- 食費
- 日用品費
- その他の日常生活費

施設入所
- 食費
- 光熱水費
- 日用品費
- その他の日常生活費

グループホーム
- 食材料費
- 日用品費
- その他の日常生活費
- 家賃
- 光熱水費

サービス利用において支払いが求められる費用負担

		利用者負担（1割負担）	交通費（エリア外の訪問）	交通費（同行ヘルパー分）	外出先での実費（入場料等）	食費	光熱水費等	日用品費	創作的活動に係る材料費	室料	家賃	その他の日常生活費
訪問・同行	居宅介護	○	△									
	重度訪問介護	○	△	△	△							
	同行援護	○	△	△	△							
	行動援護	○	△	△	△							
	重度障害者等包括支援	○	△	△	△	△	△	△	△			△
	居宅訪問型児童発達支援	○	△									
	保育所等訪問支援	○	△									
日中活動支援／通所	生活介護	○				△		○	△			△
	自立訓練（機能訓練）	○				△		○				△
	自立訓練（生活訓練）	○				△		○				△
	就労移行支援	○				△		○				△
	就労継続支援A型	○				△		○				△
	就労継続支援B型	○				△		○				△
	就労定着支援	○	△									
	就労選択支援※	○				△						
	児童発達支援	○				△		○				△
	放課後等デイサービス	○				△						△
短期入所／入所・入居／入院	短期入所（ショートステイ）	○				○	○					△
	共同生活援助（グループホーム）	○				☆1	○	○			○	
	自立訓練（宿泊型）	○				○	○	○		○		△
	施設入所支援	○				○	○	○		☆2		△
	療養介護	○				●		○				△
	福祉型障害児入所施設	○				○	○	○				△
	医療型障害児入所施設	○				●	○	○				△
地域での暮らしを支援	自立生活援助	○	△									
	地域移行支援		△									
	地域定着支援		△									
相談支援	サービス利用支援		△									
	継続サービス利用支援		△									
	障害児支援利用援助		△									
	継続障害児支援利用援助		△									

注）●…療養介護、医療型障害児入所施設の食費は、医療保険制度における「食事療養標準負担額」という位置づけで徴収される。
△…該当する便益の提供を受けた場合（エリア外からの訪問、公共交通機関の利用を伴う移動の支援等）に請求される。
☆1…グループホームでは食材料費のみが徴収される（調理に要する人件費は給付費に含まれる）。
☆2…施設入所支援の「室料」は、「特別な居室」を利用した場合に徴収される。

2章 障害福祉サービスの利用方法

9 利用者の負担軽減のしくみ

サービスの利用料金について、利用者の負担可能な範囲におさまるように、二重三重の負担軽減のしくみがあります。

（1）利用者負担の「負担月額上限」

- 利用者負担（1割負担）は、以下のように1か月あたりの上限が設けられていて、それ以上の負担は求められません。

成人

生活保護被保護世帯
0円（利用者負担はありません）

住民税非課税世帯
0円（利用者負担はありません）

住民税課税世帯（住民税所得割16万円未満※）

所得区分：一般1	所得区分：一般2
通所・訪問：9,300円	施設入所・グループホーム等：37,200円

※障害者本人と配偶者の収入合計が600万円程度まで

住民税課税世帯（住民税所得割16万円以上）
所得区分：一般2
37,200円まで

児童

生活保護被保護世帯
0円（利用者負担はありません）

住民税非課税世帯
0円（利用者負担はありません）

住民税課税世帯（住民税所得割28万円未満※）

所得区分：一般1	所得区分：一般1
通所・訪問：4,600円	施設入所：9,300円

※保護者の属する世帯の収入合計が890万円程度まで

住民税課税世帯（住民税所得割28万円以上）
所得区分：一般2
37,200円まで

（2）通所系サービスと短期入所

- 食費（食材料費＋調理に要する人件費）が実費負担であるところ、所得要件に該当する人を対象に人件費分が軽減されます。
- この軽減措置は、障害福祉サービス等報酬の「食事提供体制加算」（2027年度までの経過措置）を原資として、各事業所で実施されています。要件に該当せず、同加算を算定していない事業所では、基本的に軽減措置はとられません。

対象
- 生活保護被保護世帯の利用者
- 住民税非課税世帯の利用者
- 一般1の利用者

（3）施設入所にかかる補足給付

- 施設入所者の食費・光熱水費負担は、5万5,500円を限度として施設ごとに額が設定されますが、以下のような負担軽減が図られます。この負担軽減のために市町村が支払う給付のことを特定障害者特別給付費／特定入所障害児食費等給付費（通称「補足給付」）といいます。

成人の場合
所得要件に該当する人を対象に、食費・光熱水費の実費負担をしても、少なくとも手元に2万5,000円が残るように負担が軽減されます。

対象
- 生活保護被保護世帯の入所者
- 住民税非課税世帯の入所者

児童の場合
地域で子どもを養育する世帯と同様の負担となるように、食費・光熱水費の負担が軽減されます。

対象
- 全所得区分の世帯の入所児童（18～20歳の入所者を含む）

（4）医療型個別減免

- 福祉と医療を併せて提供する施設に入所した場合は、福祉と医療の双方に費用が発生しますが、以下の負担軽減が行われます。これを医療型個別減免といいます。

成人の場合
所得要件に該当している人を対象に、食費も含めた合計額を負担してもなお、少なくとも2万5,000円が手元に残るように、負担軽減されます。

対象
- 住民税非課税世帯の入所者

児童の場合
地域で子どもを養育する世帯と同様の負担となるように上限額が設定され、負担が軽減されます。

対象
- 全所得区分の世帯の入所児童（18～20歳の入所者を含む）

（5）グループホームへの入居にかかる補足給付

- 所得要件に該当している人を対象に、家賃補助として、1人あたり月額1万円を上限とした補足給付が支給されます。

対象
- 生活保護被保護世帯の入所者
- 住民税非課税世帯の入所者

（6）生活保護への移行防止措置

- 障害福祉サービスを利用している人、あるいはこれから利用しようとする人が生活保護の申請をして、保護の要否の判定プロセスで「サービスの利用者負担や食費等の実費負担について所定の軽減（前頁（1）～（5））にとどまらず、さらなる減免がなされれば生活保護を受けずとも生計を維持できる（保護は不要）」と判断された場合に、保護申請は却下されて、追加的な負担軽減の対象となります。

利用者負担が還付の対象となることも

高額障害福祉サービス等給付費等

- 一つの世帯のなかで、①1人で複数の制度からのサービスを併用していたり、②複数人が障害福祉サービス・障害児通所サービス・障害児入所サービスを利用していたりして、世帯全体での利用者負担合計が「3万7,200円」を超えた場合、申請に基づき、超過分が還付されます。これを「高額障害福祉サービス等給付費」といいます。（障害児の場合は「高額障害児通所給付費」または「高額障害児入所給付費」）。
- なお、障害児がいる世帯のうち「一般1」に該当する世帯（住民税所得割が28万円未満の世帯）については、入所系サービスを利用している児童がいれば「9,300円」、いなければ「4,600円」が、児童福祉法に基づく給付に関しての上限額となります。これを「障害児の特例」といいます。

複数の制度からサービスを受けるパターン

児童を対象とした負担軽減のしくみ

● 未就学児童を対象とした無償化施策　申請不要

小学校就学前の3年間は、「幼児教育・保育の無償化施策」の一環として、以下のサービスの利用者負担が、所得にかかわらず一律に「無償」とされます。ただし、食費や日用品などの実費負担は無償化の対象外です。

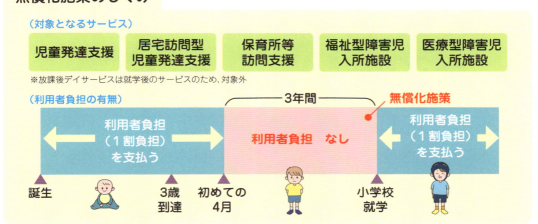

無償化施策のしくみ

● 未就学の第2子以降を対象とした多子軽減措置　市町村への申請が必要

第2子以降の未就学児童が利用する以下のサービスについて、要件を満たした場合に利用者負担が軽減されます。通常1割負担のところ、第2子は0.5割負担、第3子以降は無償となります。

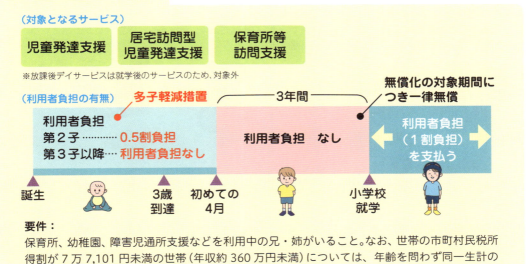

多子軽減措置のしくみ

要件：
保育所、幼稚園、障害児通所支援などを利用中の兄・姉がいること。なお、世帯の市町村民税所得割が7万7,101円未満の世帯（年収約360万円未満）については、年齢を問わず同一生計の兄・姉がいれば軽減対象となる。

介護保険への移行による負担増を"相殺"

新高額障害福祉サービス等給付費

● それまで障害福祉サービスを「負担なし」で利用していた人が、65歳に達したのを機に「介護保険優先原則」の適用を受けて、介護保険サービスの利用に切り換えられ、新たに利用者負担（1割分）の支払い義務を負うようになった場合に、申請に基づいて、支払った金額を市町村が払い戻すしくみです。

介護保険優先原則の適用による「負担増」

支払った金額が支給される流れ

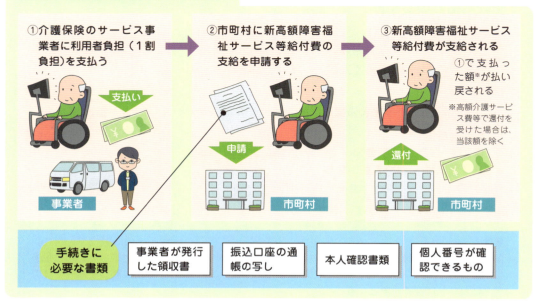

支給対象

● 新高額障害福祉サービス等給付費の支給対象となるのは、以下①〜⑥のすべてに該当する人です。

① 65歳になるまでに介護保険サービスを利用したことがない

② 60〜65歳の5年間※1にわたって、以下のうちいずれかの支給決定を受けていた
居宅介護、重度訪問介護、生活介護、短期入所
（※1 入院等をしていてこれら4サービスの支給決定を受けない期間があっても、その他の期間ですべて4サービスのいずれかの支給決定を受けていれば可）

③ 65歳以降に以下のいずれかを利用している
訪問介護、通所介護、短期入所生活介護、地域密着型通所介護、小規模多機能型居宅介護

④ 65歳に達する日の前日時点で障害支援区分が「区分2」以上だった

⑤ 65歳に達する日の前日に属する年度※2の本人および配偶者の所得区分が「生活保護」または「住民税非課税」だった
（※2 65歳に達する日の前日が4月から6月までの場合は、前年度）

⑥ ③のサービスを利用した年度※3の本人および配偶者の所得区分が「生活保護」または「住民税非課税」である
（※3 サービスを利用した月が4月から6月までの場合は、前年度）

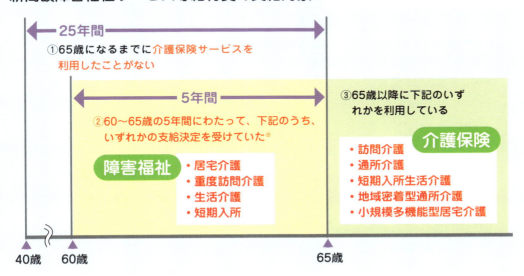

新高額障害福祉サービス等給付費の支給対象

※入院等をしていて、居宅介護・重度訪問介護・生活介護・短期入所の支給決定を受けない期間があっても、その他の期間においてこれら4サービスのいずれかの支給決定を受けていれば可。

10 審査請求、苦情解決

市町村の支給決定等に納得がいかないとき、サービス内容の改善を求めたいときに利用できる制度です。

審査請求

市町村の支給決定等に納得がいかないとき

- 市町村の行った「支給決定」や「障害支援区分」に不服がある場合は、その決定内容の取り消しを求めて、都道府県に対して公正・中立な立場からの審査を求めることができます。これを「審査請求」といいます。
- 都道府県は請求を受理すると、「障害者介護給付費等不服審査会」に諮問します。審査会による審査の結果、申立者の言い分の通りであるという結論が下されれば、元の決定は取り消され、裁決の趣旨に従って、改めて決定プロセスがやり直されます。
- 裁判に訴える（行政訴訟）という方法もありますが、手続が複雑で、裁判所へ足を運ぶ必要もあります。一方、審査請求の場合は書面で行うことができ、おおむね裁判よりも短期間で結論を得ることができます。手続きに費用もかかりません。

審査請求の流れ

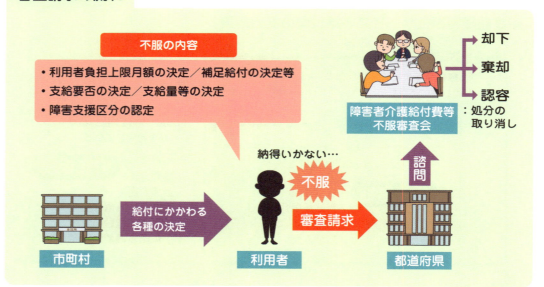

審査請求できる期間
処分があったことを知った日の翌日から起算して3か月以内。ただし、処分があった日の翌日から1年を経過すると、審査請求できなくなる。

審査請求できる人
審査請求を行う資格があるのは、処分を受けた障害者また障害児の保護者。代理人に手続きを委任することも認められている。

苦情解決

サービス内容の改善を求めたいとき

● サービスに疑問や不満を感じた場合は、①サービス事業者、②都道府県社会福祉協議会の「運営適正化委員会」で苦情を受け付けています。苦情を申し立てることができるのは、本人・家族、本人の状況やサービスの状況を把握している人（代理申立）です。

サービス事業者	運営適正化委員会（都道府県社会福祉協議会）
各事業者は「苦情解決責任者」と「苦情受付担当者」を置いて、利用者などからの苦情を随時受け付けて、問題解決とサービスの質の向上に努めている。	苦情相談を受け付けて、解決に向けて助言や調査、あっせんなどを行う機関。利用者と事業者の間の話し合いで解決しない場合や、事業者に言い出しにくいときなどに利用できる。

苦情相談の概要

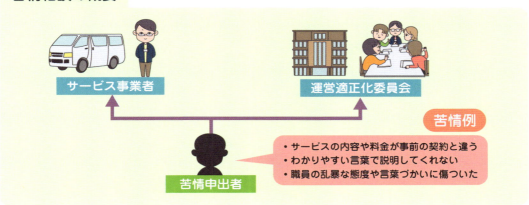

苦情例
・サービスの内容や料金が事前の契約と違う
・わかりやすい言葉で説明してくれない
・職員の乱暴な態度や言葉づかいに傷ついた

運営適正化委員会での苦情解決の流れ

①苦情相談の受付
来所、電話、ファックス、メール、手紙のいずれでも相談を受け付け

②解決方法の検討
相談者の意向を確かめたうえで、相談内容に応じた方法を検討する

③事情調査
事実確認の必要がある場合、双方の同意を得たうえで関係機関への聴き取りや現地訪問などを実施

④相談・助言
必要に応じて、相談者や事業者への相談・助言を行う

⑤あっせん
相談者と事業者との話し合いによる解決が適当と考えられる場合は、双方の話し合いの場を設定し、話し合いによる解決を図る

※処遇に虐待等不当な行為のおそれがあると認めるときは、都道府県知事に通知。

2章 障害福祉サービスの利用方法

第3章

障害福祉サービスの内容と使い方

障害福祉分野の各サービスについて、支援の内容や活用のポイント、利用料等についてわかりやすく解説します。

| 1. 障害者向けの
サービス | 2. 障害児向けの
サービス | 3. 用具の提供 | 4. 医療関連の給付 |

1 居宅介護

利用者の自宅を訪問して、介護や家事援助を行います。通院などにともなう移動中の世話も含まれます。

サービス内容

●利用者の自宅等で、以下のような日常的な世話を提供するサービスです。

身体介護	家事援助	通院等の介助	相談等
・入浴、排せつ及び食事等の介護	・調理、洗濯及び掃除等の家事	・通院や官公署等での公的手続のための外出時の介助	・生活等に関する相談及び助言

①移動中の介助（受診手続き等を含む）がメインの「通院等介助」と、②ヘルパーの運転する車を移動手段として、介助は概ね乗車・降車時に限られる「通院等乗降等介助」に区分され、対象者や料金が別建てで設定されています。

対象者 [児含む]

 障害者
・障害支援区分が「区分1」以上の人

 障害児
・障害支援区分1に相当する支援が必要と認められる児童

※通院等介助（身体介護を伴う場合）の利用にあたっては、以下の2つの条件を両方とも満たす必要があります。

障害支援区分2以上に該当していること

＋

次のいずれかに該当していること
①移乗に見守り等の支援（または部分的〜全面的な支援）」が必要
②移動に見守り等の支援（または部分的〜全面的な支援）」が必要
③排尿に「部分的（または全面的）な支援」が必要
④排便に「部分的（または全面的）な支援」が必要

✋ 対応できないこと

①商品の販売・農作業など生業の援助的な行為

②「直接本人の援助」に該当しない行為

家族の利便に供する行為、または家族が行うことが適当と判断される行為

- 利用者が使用する居室等以外の掃除
- 来客の応接（お茶、食事の手配等）
- 自家用車の洗車、清掃　など

③「日常生活の援助」に該当しない行為

ヘルパーが行わなくても日常生活に支障が生じないと判断される行為

- 草むしり、花木の水やり
- 犬の散歩、ペットの世話　など

日常的に行われる家事の範囲を超える行為

- 家具や電気器具等の移動、修繕、模様替え
- 大掃除、窓のガラス磨き、床のワックスがけ
- 室内外家屋の修理
- 植木の剪定等の園芸
- 特別な手間をかけて行う調理　など

④入院中の利用

⑤留守番、利用者本人の不在時の家事援助

> **ミニ情報** 本人外出時の家事援助が認められないわけ
>
> 　居宅介護は、身体介護についても家事援助についても、その実施内容に「本人の安否確認」と「健康チェック」が含まれることを前提としています。当然それらは、"本人がいる"ときでなければ実施できません。したがって、本人不在時に掃除や洗濯や調理等を行うことは「できない」ことになっています。

3章　障害福祉サービスの内容と使い方

「育児」の支援

親が障害を有し、育児が困難な場合

● 子育て中の利用者が、自身の障害に起因して十分に子どもの世話ができない状況である場合には、家事援助の一環として、ヘルパーから「育児支援」を受けることが可能です。

（育児支援の内容）
- 育児支援の観点から行う沐浴や授乳
- 乳児の健康把握の補助
- 児童の健康な発達、特に言語発達を促進する視点からの支援
- 保育所・学校等からの連絡帳の手話代読、助言、保育所・学校等への連絡援助
- 利用者（親）へのサービスと一体的に行う子ども分の掃除、洗濯、調理
- 子どもが通院する場合の付き添い
- 子どもが保育所（場合によっては幼稚園）へ通園する場合の送迎
- 子どもが利用者（親）に代わって行う上記の家事・育児等

（利用の要件）
① 利用者（親）が障害によって家事や付き添いが困難な場合
② 利用者（親）の子どもが一人では対応できない場合
③ 他の家族等による支援が受けられない場合

子どもが障害を有し、日常生活上の困難がある場合

● 障害児本人のニーズに対応した身体介護や医療的ケアが提供されます。ただし、「保護者による育児」の手伝いをするものではありません。
● 保護者不在のときには、原則として利用できません。

2024年度 改正情報　「一度自宅に戻って出直し」が解消された

　2024年3月までは、①通所系の障害福祉サービス事業所等と②他の目的地（病院等）の間の移動に、通院等介助／通院等乗降介助を使うことができませんでした。そのため、利用者はいったん自宅に戻ってから次の行先に出直すという非効率的な二度手間を余儀なくされていましたが、現在は居宅が始点または終点となっていれば、両者間の移動に通院等介助／通院等乗降介助を利用できます。

66

利用者が負担する金額

- サービス利用料の1割
- 移動介護を利用した場合：移動に要した交通費（同行するヘルパーの分も含む）

| サービス利用料の1割 | ＋ | （通院等介助を利用した場合の交通費（ヘルパー分を含む）） |

※サービス利用料は「基本報酬」（下表）＋加算・減算。

〈参考〉居宅介護の基本報酬

身体介護

所要時間	単位
30分未満	256単位
30分〜1時間未満	404単位
1時間〜1時間30分未満	587単位
1時間30分〜2時間未満	669単位
2時間〜2時間30分未満	754単位
2時間30分〜3時間未満	837単位

3時間以上は、921単位に30分を増すごとに＋83単位

通院等介助（身体介護を伴う場合）

所要時間	単位
30分未満	256単位
30分〜1時間未満	404単位
1時間〜1時間30分未満	587単位
1時間30分〜2時間未満	669単位
2時間〜2時間30分未満	754単位
2時間30分〜3時間未満	837単位

3時間以上は、921単位に30分を増すごとに＋83単位

家事援助

所要時間	単位
30分未満	106単位
30分〜45分未満	153単位
45分〜1時間未満	197単位
1時間〜1時間15分未満	239単位
1時間15分〜1時間30分未満	275単位

1時間30分以上は、311単位に15分を増すごとに＋35単位

家事援助

所要時間	単位
30分未満	106単位
30分〜1時間未満	197単位
1時間〜1時間30分未満	275単位

1時間30分以上は、345単位に30分を増すごとに＋69単位

通院等乗降介助

| 102単位 |

※1単位＝10円〜11.20円（地域区分によって異なる）で計算される。

「通院等介助」は、移動に公共交通機関を利用し、移動中にも介助が行われる（通院先での受診手続き等を含む）ことを想定したサービス類型です。
一方、「通院等乗降等介助」は、ヘルパーの運転する車で移動し、介助は乗車・降車時に限られるものです。それぞれ対象者や料金が別建てで設定されています。

| 1. 障害者向けの
サービス | 2. 障害児向けの
サービス | 3. 用具の提供 | 4. 医療関連の給付 |

2 重度訪問介護

重度の障害者のもとに長時間滞在して、常時見守りを行いつつ、本人がそのとき必要としている支援を柔軟に提供します。

サービス内容

● 重度の障害があって常に介護を必要とする人を対象として、安全・安心を確保しつつ日常生活上のニーズを満たすために、ホームヘルパーが利用者のもとに長時間滞在して、「見守り」も含めて以下のような支援を総合的に提供するものです。

身体介護	医療的ケア	家事援助	生活支援
・入浴、排せつ及び食事等の介護	・喀痰吸引、経管栄養など	・調理・洗濯・掃除・買い物など	・家電製品の操作等の生活全般の援助

移動介護	コミュニケーション支援	相談等	見守り
・外出時における移動中の介護	・意思疎通の支援	・生活等に関する相談及び助言	・入所生活に生じるさまざまな事態に対応

対象者

障害者

障害支援区分が「区分4」以上であり、かつ、以下①②のいずれかに該当する人

- ①重度の肢体不自由
- ②重度の知的障害または精神障害で、行動に著しい困難

サービス利用のイメージ

（2交替等で実施）

> **ミニ情報** 居宅介護との違い——長時間にわたりケアを提供
>
> 　居宅介護は利用者のニーズにピンポイントで対応する短期集中の支援です。これに対して重度訪問介護は、長時間にわたって利用者のもとに滞在し、常時「見守り」を行って安全・安心を確保し、不測の事態に備えつつ、利用者の状況・ニーズに応じて断続的に身体介護や家事援助などのケアを提供するものです（1日につき3時間以上の利用が基本）。
>
> 　報酬体系も、居宅介護は短時間でのサービスに単価が高くつけられていますが、重度訪問介護では長時間の滞在を前提に設定されています。
>
> 　ちなみに、重度訪問介護の報酬は、1日に複数回訪問する場合は1日単位で通算され、日付をまたいでケアを提供する場合は午前0時でリセットされることになっています。

利用のポイント

日常的な外出に付き添ってもらえる

● 居宅介護の「通院等介助」では、利用できる行先が医療機関や官公署に限られますが、重度訪問介護では買い物や余暇を含めた外出全般について、日常的なケアの延長線上で「移動介護」を受けることができます。

> **ミニ情報　通勤・通学には使えない**
>
> 通勤・営業活動など経済活動に係る外出や、通学を含む通年かつ長期にわたる外出、さらにはギャンブルなど社会通念上適当でないとされる外出については、給付の対象外となります。

入院先での「コミュニケーション支援」も

● コミュニケーションに特別な技術を要する障害のある利用者が病院、介護医療院、介護老人保健施設、助産所等に入院・入所するような場合には、それまでケアを提供をしてきた重度訪問介護事業者が、引き続き入院・入所中の利用者のもとを訪問して、当該病院等との連携・調整のもとで、本人と医療従事者間の意思疎通にかかる支援を提供することが認められています。

> **2024年度改正情報　入院時の重度訪問介護、利用対象拡大**
>
> 2024年3月までは、入院時に重度訪問介護を利用できるのは「障害支援区分6」の人に限られていましたが、その制限がなくなりました。

24時間の見守り態勢

● 重度訪問介護は、24時間のケアが必要な利用者の場合は、深夜帯に利用者が就寝している時間帯についても見守りを継続し、体位交換、寝具のかけ直しなどを行いつつ、必要に応じて医療的ケアや排泄介助を行います。

利用者が負担する金額

- サービス利用料の1割
- 移動介護を利用した場合：次の①②
  ①移動に要した交通費（同行するヘルパーの分も含む）
  ②移動先での経費（入場料等）にかかる実費負担（同行するヘルパーの分も含む）

※サービス利用料は「基本報酬」（下表）＋加算・減算。

〈参考〉重度訪問介護の基本報酬

内容	所要時間	単位
居宅での介護及び外出時の移動中の介護 または 入院・入所先における意思疎通の支援その他必要な支援	1時間未満	186単位
	1時間以上1時間30分未満	277単位
	1時間30分以上2時間未満	369単位
	2時間以上2時間30分未満	461単位
	2時間30分以上3時間未満	553単位
	3時間以上3時間30分未満	644単位
	3時間30分以上4時間未満	736単位
	4時間以上8時間未満	821単位に30分を増すごとに＋85単位
	8時間以上12時間未満	1,505単位に30分を増すごとに＋85単位
	12時間以上16時間未満	2,184単位に30分を増すごとに＋81単位
	16時間以上20時間未満	2,834単位に30分を増すごとに＋86単位
	20時間以上24時間未満	3,520単位に30分を増すごとに＋80単位

※1単位＝10円〜11.20円（地域区分によって異なる）で計算される。

ミニ情報　入院前の情報連携でスムーズな環境調整

　重度の障害をもつ人の入院に際しては、環境の調整が大事になります。日常の様子をよく知っている重度訪問介護従業者が、本人の障害の状態、介助方法（体位変換、食事、排泄等）、障害特性をふまえた病室等の環境調整（ベッドの配置など）、入院中の生活や退院後の生活の希望などについて、事前に入院先に情報提供することで、環境変化によるダメージを最小限にとどめることが可能です。

| 1. 障害者向けのサービス | 2. 障害児向けのサービス | 3. 用具の提供 | 4. 医療関連の給付 |

3 同行援護

重度の視覚障害がある人の外出に同行して、本人の「目」となり、社会活動をサポートします。

サービス内容

- 視覚障害によって「移動に著しい困難」を有する人を対象として、安心して安全に外出ができるように、本人に同行して移動の援護と「視覚情報の提供」を行います。つまり、本人の「目」となって社会活動をサポートするサービスです。

移動の援護	視覚的情報の提供（代読・代筆含む）	外出先での介護
・本人に同行して移動の援護	・外出先での視覚的なさまざまな情報を提供	・外出先での食事、排泄等の介助

対象者 〔児含む〕

- 視覚障害により著しい困難がある障害者・障害児。
- 同行援護アセスメント調査票に掲げられた4項目（下表）のうち、④が「1点以上」であり、かつ、①②り、移動③のいずれかが「1点以上」であることが条件です。

	①視覚障害	②視野障害	③夜盲		④移動障害	
0点	普通（日常生活に支障がない）	ない または下記以下	ない または下記以下		慣れていない場所であっても単独歩行※可	0点
1点	・約1m離れた視力確認表の図が見える。 ・目の前に置いた視力確認表の図が見える。	・周辺視野角度の総和が左右眼それぞれ80度以下、かつ、両眼中心視野角度が56度以下 ・両眼開放視認点数が70点以下、かつ、両眼中心視認点数が40点以下	暗い場所や夜間等の移動の際、慣れた場所以外では歩行できない程度の視野、視力等の能力の低下がある		慣れた場所に限っては、単独歩行可	1点
2点	・ほとんど見えない ・見えているのか判断不能	・周辺視野角度の総和が左右眼それぞれ80度以下、かつ、両眼中心視野角度が28度以下 ・両眼開放視認点数が70点以下、かつ、両眼中心視認点数が20点以下	ー		単独歩行できない	2点

※ここでいう「単独歩行」は、盲人安全つえまたは盲導犬を使用した場合。車いすでの移動も含む。

対応できること

- 同行援護の支給対象となる外出は「社会生活上必要不可欠な外出」および「余暇活動等の社会参加のための外出」です。

支給対象となる外出例

対応できないこと

支給対象とならない外出例

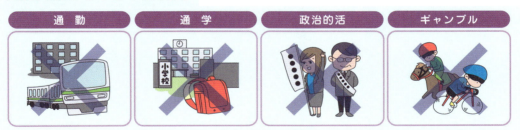

> **ミニ情報** 居宅内でのケアは対象外
>
> 同行援護は移動時及び外出先での支援を提供するサービスなので、居宅内での代読や視覚情報の提供は給付対象外です。また、外出の準備などで居宅内での介助を要する場合であっても、同行援護では給付されません。

同行援護は介護保険優先原則の対象外

ポイントは「視覚情報の提供」

● 介護保険制度にも、通院や日用品の買い出しなどを介助するサービスが、身体介護の一環として位置づけられています。一見、類似するサービスのようにも見えますが、同行援護は重度の視覚障害がある利用者の「目」となって、必要な情報を随時的確かつ円滑に伝えるケア（視覚情報提供）を行うものです。書類の代読や代筆も業務に含まれます。このように、同行援護は障害福祉に固有のサービスであり、介護保険優先原則の対象外です。

> **ミニ情報** 介護保険優先で取り扱う市町村もある
>
> 市町村によっては、介護保険被保険者の通院等の介助については一律に介護保険サービスを優先とする取り扱いのところもあるようです。本人の状態や必要とするケアの内容について十分に情報共有して、適切なサービス利用につなげていく必要があります。

図表　移動系サービスの種類と対象者（一覧）

サービスの種類				18歳以上				18歳未満障害児
				身体障害	難病	知的障害	精神障害	
自立支援給付	居宅介護	通院等介助（身体介護を伴う）	・病院への通院 ・官公署での手続きなどにかかる外出	障害支援区分2以上であり、かつ、歩行・移乗・移動・排尿・排便のいずれかについて支援が必要な者				左記に相当する支援が必要と認められる児童
		通院等介助（身体介護を伴わない）		障害支援区分1以上の者				障害支援区分1に相当する支援が必要と認められる児童
		通院等乗降介助						
	重度訪問介護		・社会生活上必要不可欠な外出 ・社会参加のための外出	障害支援区分4以上であり、かつ、重度の肢体不自由者、または重度の知的障害者若しくは精神障害者				
	同行援護		・社会生活上必要不可欠な外出 ・社会参加のための外出	重度の視覚障害をもつ者				重度の視覚障害をもつ児童
	行動援護		・社会生活上必要不可欠な外出 ・社会参加のための外出			障害支援区分3以上であり、重度の知的障害、精神障害をもつ者		左記に相当する支援が必要と認められる児童
地域生活支援事業	移動支援		・社会生活上必要不可欠な外出 ・社会参加のための外出	障害者等であって、外出時に「移動の支援が必要」であると市町村が認めた障害児・者				

利用者が負担する金額

- サービス利用料の1割
- 移動に要した交通費(同行するヘルパーの分も含む)
- 移動先での経費(入場料等)にかかる実費負担(同行するヘルパーの分も含む)

※サービス利用料は「基本報酬」(下表)+加算・減算。

〈参考〉同行援護の基本報酬

所要時間	単位
30分未満	191単位
30分以上1時間未満	302単位
1時間以上1時間30分未満	436単位
1時間30分以上2時間未満	501単位
2時間以上2時間30分未満	566単位
2時間30分以上3時間未満	632単位
3時間以上	697単位に30分を増すごとに+66単位

※1単位=10円〜11.20円(地域区分によって異なる)で計算される。

ミニ情報 同行援護と区分認定

　同行援護は、他の訪問系・通所系サービスと違って、障害支援区分の制限なしに利用できます。同行援護の対象であるかどうかは「同行援護アセスメント調査票」で判定されるため、そもそも障害支援区分認定は受ける必要がないのです。

　ただし、視覚障害以外の障害もあわせもつ人の場合、障害支援区分3以上に該当すれば事業所の受け取る報酬に「加算」がつきます。このため、区分3以上であると推定される場合は、区分認定を受ける流れとなっています。

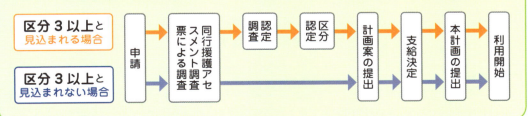

1. 障害者向けのサービス | 2. 障害児向けのサービス | 3. 用具の提供 | 4. 医療関連の給付

④ 行動援護

行動上著しい困難のある障害児・者の社会参加・日常生活をサポートします。

♥ サービス内容

- 障害特性により、強い不安等で時としてパニックに陥ったり特異な行動をとる可能性のある人も、安心して当たり前に外出し、社会参加できるようにサポートするサービスです。
- 専門のヘルパーが、リスクを回避するための先回りの予防的対応や、リスクが顕在化した場合の制御的対応を適切にとります。

予防的対応	制御的対応	身体介護的対応
・行動障害が起きる条件や兆候を熟知し、予防的対応をとる ・不安が生じないよう、外出の内容をあらかじめ本人に説明しておく　　　など	・行動障害が発生した際、本人や周囲の人の安全を確保しつつ、適切におさめる ・危険を認識できないために起こる不適切な行動や、自傷行為を適切におさめる　など	・便意の認識がない場合の介助や後始末の対応 ・外出中の食事介助 ・外出前後の衣服の着脱介助 　　　　　　　　　　　　　など

🎯 対象者 児含む

- 重度の知的障害または精神障害により、行動上著しい困難があり、常時介護が必要な障害者・障害児。具体的には以下のとおりです。

障害者	障害児
障害支援区分が「区分3」以上である	障害支援区分3に相当する支援が必要と認められる

かつ

強度行動障害※を有すること

※強度行動障害
　障害支援区分認定の認定調査で、コミュニケーションの支障、大声・奇声、多動、自傷行為、突発的行動など「行動関連項目（12項目）」における評価の合計点数が「10点以上」の状態を指す

利用者が負担する金額

- サービス利用料の1割
- 移動に要した交通費（同行するヘルパーの分も含む）
- 移動先での経費（入場料等）にかかる実費負担（同行するヘルパーの分も含む）

サービス利用料の1割 ＋ （かかった交通費（ヘルパー分を含む） ＋ 必要経費（同））

※サービス利用料は「基本報酬」（下表）＋加算・減算。

〈参考〉行動援護の基本報酬

所要時間	単位	所要時間	単位
30 分未満	288 単位	4 時間～ 4 時間 30 分未満	1,479 単位
30 分～ 1 時間未満	437 単位	4 時間 30 分～ 5 時間未満	1,623 単位
1 時間～ 1 時間 30 分未満	619 単位	5 時間～ 5 時間 30 分未満	1,764 単位
1 時間 30 分～ 2 時間未満	762 単位	5 時間 30 分～ 6 時間未満	1,904 単位
2 時間～ 2 時間 30 分未満	905 単位	6 時間～ 6 時間 30 分未満	2,046 単位
2 時間 30 分～ 3 時間未満	1,047 単位	6 時間 30 分～ 7 時間未満	2,192 単位
3 時間～ 3 時間 30 分未満	1,191 単位	7 時間～ 7 時間 30 分未満	2,340 単位
3 時間 30 分～ 4 時間未満	1,334 単位	7 時間 30 分以上	2,485 単位

※ 1 単位＝ 10 円～ 11.20 円（地域区分によって異なる）で計算される。

ミニ情報　居宅内のみでの利用も OK

　行動援護というサービスは従来、同行支援や移動支援と同列に扱われることが多く、「主として外出時に受けるサービス」として、分類されていました。しかし、コロナ禍で外出そのものが制約されると、当事者や支援者らから「居宅内での行動援護」を求める声が高まりました。

　そのような流れを汲んで、2021 年度からは「居宅内で行動援護が必要な場合は、外出の前後に限らず、居宅内で実施可能」という取り扱いに改められました。

| 1. 障害者向けの
サービス | 2. 障害児向けの
サービス | 3. 用具の提供 | 4. 医療関連の給付 |

5 療養介護

医学的管理を必要とする重度の障害者が医療機関で受ける、「介護福祉と医療の複合サービス」です。

サービス内容

- 医学的管理と介護を常時必要とする重度障害者を医療機関で受け入れて、機能訓練、療養上の管理、看護、医学的管理下での介護や日常生活支援を提供するサービスです。
- 療養介護を行う事業所は、医療法上の「病院」でもあります。

療養介護サービス	療養介護医療
福祉のサポート 機能訓練、医学的管理下での介護や日常生活の世話、相談支援、レクリエーションなど	**医療のサポート** 人工呼吸器の管理、経管栄養、人工透析、注射、投薬、処置など

対象者

障害者

- 「医学的管理と介護を常時必要とする重度の障害をもつ人」が対象です。以下の①〜③のいずれかに該当していることが要件です。

①障害支援区分6であり、かつ、気管切開に伴う人工呼吸器による呼吸管理を要する
②障害支援区分5以上であり、かつ、以下1〜4のいずれかに該当する

| 1 重症心身障害者または進行性筋萎縮症患者 |
| 2 医療的ケアスコア[※1]が16点以上 |
| 3 強度行動障害の状態にあり、かつ、医療的ケアスコア[※1]が8点以上 |
| 4 遷延性意識障害[※2]の状態にあり、かつ、医療的ケアスコア[※1]が8点以上 |

> ※1 医療的ケアスコア…対象者に必要とされる医療的ケアの度合いをトータルの点数で示した指標。スコア表を用いて医師が判定。数値が大きいほど医療依存度が高いことを示す
> ※2 遷延性意識障害…自力での移動・摂食・発語等が不能、意思疎通がほぼ困難な状態。いわゆる植物状態

③①および②に準ずる状態であるとして市町村が認めたもの

サービス利用のイメージ

利用のポイント

18歳到達を境に、医療型障害児入所支援から療養介護へ

- 療養介護を提供している事業所は、医療法上の病院でもあり、さらに児童福祉法上の「医療型障害児入所施設」としての役割も果たしていることが少なくありません。この場合、18歳まで医療型障害児入所支援を受けていた児童が18歳に到達すると、シームレスに同施設内の別事業である療養介護へと移行することになります。
- また、療養介護を提供している事業所は、長期間の入所を前提としたサービス（療養介護や医療型障害児入所施設）のみならず、地域に住む障害者向けに、訪問看護や短期入所や通所サービス（児童発達支援や、放課後等デイサービス、生活介護）をあわせて実施しているところが少なくありません。

18歳到達前後の支援

利用者の負担内訳は、療養介護医療、療養介護サービス、食事療養

● 療養介護の提供施設は医療機関であり、身体介助や生活支援のみならず医学的管理が行われるため、医療費が発生します。利用者は下図のように、①医療に関する自己負担（障害者総合支援制度から療養介護医療費が給付されて、結果として「1割」を負担）、②介護サービスに関する利用者負担、③食費負担の合計額を支払うことになります。

療養介護で利用者が支払う「3つの負担」

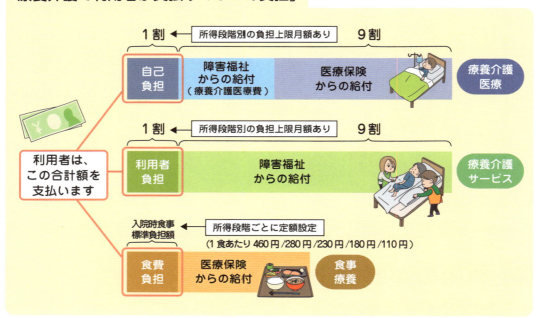

ミニ情報　低所得者向けの負担軽減措置

利用者本人及び配偶者が住民税非課税である場合は、負担軽減措置がとられます。これを「医療型個別減免」といいます。具体的には、月々の本人の手取り収入から「療養介護で利用者が支払う3つの負担」の合計額を差し引いた残額が「2万5,000円（または2万8,000円）が手元に残るように、負担額が調整されます。

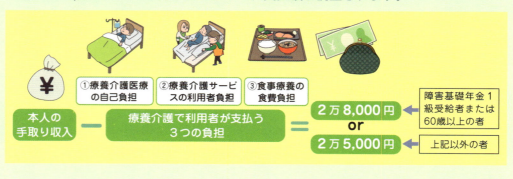

利用者が負担する金額

- サービス利用料の1割
- 療養介護医療の自己負担
- 入院時食事標準負担額
- 日用品費

※低所得の利用者には負担軽減のしくみが適用されます（前頁参照）。

※サービス利用料は「基本報酬」（下表）＋加算・減算

〈参考〉療養介護の基本報酬

（／日）

報酬区分	利用定員 40人以下	41～60人	61～80人	81人以上
療養介護サービス費（Ⅰ） ・人員配置2対1 ※区分6該当の利用者が50％以上	974 単位	948 単位	900 単位	861 単位
療養介護サービス費（Ⅱ） ・人員配置3対1	710 単位	674 単位	625 単位	595 単位
療養介護サービス費（Ⅲ） ・人員配置4対1	561 単位	532 単位	502 単位	481 単位
療養介護サービス費（Ⅳ） ・人員配置6対1	452 単位	416 単位	385 単位	366 単位
療養介護サービス費（Ⅴ） ・人員配置6対1 ※経過措置利用者について算定 （注：平成18年10月の改正法施行前から継続入所している区分5未満の利用者等のこと）	452 単位	416 単位	385 単位	366 単位

※1単位＝10円で計算される。

| 1. 障害者向けのサービス | 2. 障害児向けのサービス | 3. 用具の提供 | 4. 医療関連の給付 |

❻ 生活介護

障害がある人が通って、介護を受けたり、運動・リハビリや生産・創作活動に取り組んで、日中を過ごします。

♥ サービス内容

● 障害がある人が日中をアクティブに過ごせるように支援するサービスです。事業所ごとにさまざまな取り組みを行っています。

日常生活における介護	生産・創作的活動	健康維持・増進支援
・食事・入浴・排せつの介助、医療的ケア	・農作業、内職作業、木工制作、絵画、陶芸、音楽鑑賞等	・体操、散歩などの軽運動、リハビリテーション

👤 対象者

障害者

● 「地域や入所施設で安定した生活を営むため、常時介護等の支援が必要な人」が対象です。具体的には、① 50 歳以上であるか・未満であるか、障害者支援施設に入所しているか否かによって、次のように要件が定められています。

対象者の要件

50歳以上の場合

非該当	区分1	区分2	区分3	区分4	区分5	区分6
不可	不可	利用可	利用可	利用可	利用可	利用可

障害者支援施設の入所者による利用は区分3以上※

49歳以下の場合

非該当	区分1	区分2	区分3	区分4	区分5	区分6
不可	不可	不可	利用可	利用可	利用可	利用可

障害者支援施設の入所者による利用は区分4以上※

※市町村が施設入所の必要性を認めた場合は、障害者支援区分にかかわらず生活介護が利用可能。

サービス利用のイメージ

利用のポイント

生活介護──2つのタイプ

- 障害福祉は、日中と夜間で区切ってサービス体系が構築されているのが特徴ですが、そのうち生活介護は、日中の「生活・社会活動」のニーズを受けもつサービスです。自宅やグループホームで暮らす人も、施設に入所している人も利用できます。
- 施設入所者は、昼間は生活介護等でケアを受けて過ごし、それ以外の時間帯は施設入所支援を受けます。生活介護は、施設内に併設された事業所の提供するものを利用するか、施設外の事業所のものを利用するか、選ぶことができます。

日中の生活・社会活動のニーズをカバー

事業所ごとに多種多様な実施内容

●事業所ごとにプログラムの構成に違いがあります。無理なく通えて、自身に合ったプログラムが受けられる事業所を選ぶことが大事です。

事業所ごとに多種多様な実施内容

"掛け持ち"利用も可、万一のときの対策にも

●日中活動の場は1か所に絞らず、複数確保しておくことによって、予期せぬトラブルが起きたり、事業所が休業・閉鎖してしまうようなことがあっても、日中の居場所がなくなるという事態は避けられます。

●また、タイプの異なるプログラムの事業所を掛け持ちすることで、体験の機会を広げ、関係性の輪を広げることが見込めます。なお、掛け持ち利用には、「障害者の効果的な支援を行ううえで市町村が特に必要と認める場合」という条件がつきます。

掛け持ち利用もできる

> **ミニ情報　午前・午後の「ハシゴ利用」は不可**
>
> 同日に異なる事業所のサービスを受けることは認められません。たとえば、午前と午後で別々の事業所のサービスを"ハシゴ利用"することはできません。

利用者が負担する金額

- サービス利用料の1割
- 食費（食事の提供を受けた場合）
- 日中活動で必要になる経費（実費）
- 日用品費

※生活保護被保護世帯、住民税非課税世帯、一般1について食費負担が軽減される場合あり。

サービス利用料の1割 ＋ 食費 ＋ 日中活動で必要となる経費 ＋ 日用品費

※サービス利用料は「基本報酬」（下表）＋加算・減算。

〈参考〉生活介護の基本報酬

生活介護の基本報酬は「利用定員」「利用時間」「障害支援区分」ごとに設定されています。以下は利用定員21～30人の場合の報酬単位です。

（利用定員：21～30人の場合）

障害支援区分	所要時間3時間未満	所要時間3～4時間	所要時間4～5時間	所要時間5～6時間	所要時間6～7時間	所要時間7～8時間	所要時間8～9時間
区分2以下	185単位	236単位	284単位	332単位	463単位	475単位	536単位
区分3	204単位	262単位	313単位	366単位	510単位	523単位	584単位
区分4	228単位	293単位	351単位	409単位	570単位	584単位	646単位
区分5	333単位	427単位	512単位	597単位	833単位	854単位	915単位
区分6	449単位	575単位	690単位	805単位	1,120単位	1,150単位	1,211単位

※1単位＝10円～11.22円（地域区分によって異なる）で計算される。

> **ミニ情報　「生活介護」と「通所介護」の違い**
>
> 生活介護は、介護保険における「通所介護」と類似するサービスとみなされ、65歳に到達する障害者については、通所介護に移行するように促されることが通例です。しかし、生活介護のなかの「生産・創作的活動」は、本人の社会的役割や生きがいを構成する重要な要素であり、時間をかけて形成した人間関係・コミュニティは、"かけがえのない居場所"でもあります。移行先の通所介護で代替できないこともありますので、丁寧なアセスメント、計画案作成、支給決定が求められます。

| 1. 障害者向けのサービス | 2. 障害児向けのサービス | 3. 用具の提供 | 4. 医療関連の給付 |

7 自立訓練

自立した日常生活・社会生活を営めるように、機能回復や生活能力向上のための訓練・支援を提供します。

♥ サービス内容

- 自立訓練は、地域生活を送るうえでのさまざまな困難を軽減、解消するために、障害者自身で取り組む機能回復や生活能力向上をサポートするサービスです。
- 大きく分けて、身体的リハビリテーションを必要とする人に実施される「機能訓練」と、生活能力の獲得をめざす人を支援する「生活訓練」があります。

機能訓練

身体的リハビリテーション	+	相談援助等	実施形態	・通所 ・居宅訪問
・理学療法、作業療法など、運動機能や日常生活動作能力の維持・向上を目的とした訓練 		・生活等に関する相談・助言その他の必要な支援 	標準利用期間	18か月 (*頸椎損傷による四肢麻痺等の場合は36か月)

生活訓練

生活能力の獲得支援	+	相談援助等	実施形態	・通所 ・居宅訪問 ・入所 （宿泊型）
・生活リズム、家事、体調管理、金銭管理、コミュニケーションなどにかかる訓練 		・生活等に関する相談・助言その他の必要な支援 	標準利用期間	24か月 (*長期入院者等の場合は36か月)

🎯 対象者

障害者

- 地域生活を営むうえで一定期間の訓練を必要としている障害者。
- 障害支援区分は問われません。

> （例）①入所施設・病院を退所・退院して、地域での生活を始める人
> ②特別支援学校を卒業して、地域での生活を始める人
> ③長い間ひきこもりの状態にある人

サービス利用のイメージ

 ## 利用のポイント

3つの利用形態がある

①通所型
利用者が事業所に通って訓練・支援を受けます。

②訪問型
スタッフが利用者の自宅を訪れて、1対1で訓練・支援を受けます。
長期入院の生活によって外出が難しい人、人の集まる場が苦手な人（ひきこもりの状態の人）も安心して利用できるサービス形態です。

③宿泊型（生活訓練のみ）
事業所の用意する施設で生活して、日中活動以外の場面での日常生活能力を向上させるための訓練・支援を受けます。

すでに就労していたり、日中は他の福祉サービスを利用していたりする人を対象に、それ以外の時間帯（夜間、朝、休日）の生活場面において日常生活能力の向上を図るための訓練を"実地"で行うものです。

利用期間に「上限」がある

- 自立訓練には、利用期間の目安（標準利用期間）が規定されていて、事業者は利用者がこの期間内に自立した日常生活・社会生活を営めるように、計画的に支援を進めなければなりません。
- この期間を超えても、市町村審査会の個別審査を経て「支援の継続が必要」と認められた場合は、最大1年間（原則1回）の利用継続が可能となっています。

・機能訓練の標準利用期間：18か月（頸椎損傷による四肢麻痺等の場合は36か月）
・生活訓練の標準利用期間：24か月（長期入院者等の場合は36か月）

機能訓練は標準18か月、生活訓練は24か月

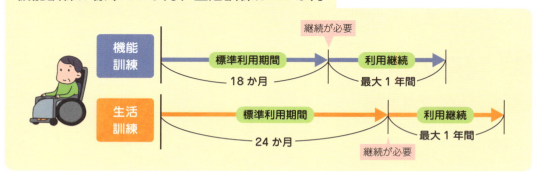

2か月の「お試し利用」で、訓練内容が適合するか確認

- 自立訓練の利用を申請すると、支給決定に先立って、まずは試行的に最大2か月間、自分の受けたいと思う事業所の訓練・支援を受けることとなります。この間に、利用者側は「自分の希望するプログラムであるかどうか」を確かめ、事業者や市町村の側も、利用者の状態にプログラムが適合しているかを評価します。これを「暫定支給決定」といいます。
- お試し利用の期間が経過して、本人が利用継続を希望し、かつ、プログラムが適合している（改善効果が見込まれる）と評価された場合は、そのまま利用継続となります（本支給）。プログラムが適合していない（改善効果が見込まれない）と評価された場合は、その後のサービス利用について調整が行われます。

自立訓練の利用の流れ

利用者が負担する金額

- サービス利用料の1割
- 食費（食事の提供を受けた場合）
- 日用品費

※生活保護被保護世帯、住民税非課税世帯、一般1について食費負担が軽減される場合あり。

※サービス利用料は「基本報酬」（下表）+加算・減算。

〈参考〉自立訓練の基本報酬

● 通所の場合 （／日）

定員	機能訓練	生活訓練
20人以下	819単位	776単位
21人～40人以下	732単位	693単位
41人～60人以下	695単位	659単位
61人～80人以下	667単位	633単位
81人～	629単位	595単位

● 居宅訪問の場合 （／日）

所要時間等	機能訓練	生活訓練
1時間未満	265単位	265単位
1時間以上	606単位	606単位
視覚障害者に対する専門的訓練	779単位	779単位

※1単位=10円～11.18円（地域区分によって異なる）で計算される。

ミニ情報　機能訓練と介護保険優先原則

　生活訓練は、厚生労働省の通知で「内容や機能から、介護保険サービスには相当するものがない、障害福祉サービス固有のもの」とされ、介護保険優先原則の対象外であることが明示されていますが、機能訓練はグレーゾーンです。はっきり「介護保険を優先させる」としている市町村も少なくありません。

　これについて厚生労働省は、「白杖を用いた歩行訓練」や「意思疎通に困難を生じた場合の訓練」など、介護保険サービスでは提供できない支援内容が必要な場合には、たとえ65歳以降であっても機能訓練の利用が認められる―といった判断例を示して、画一的な取り扱いを控えるよう注意喚起を発しています。

| 1. 障害者向けのサービス | 2. 障害児向けのサービス | 3. 用具の提供 | 4. 医療関連の給付 |

❽ 短期入所

宿泊つきまたは日帰りで、自宅で暮らす障害児・者を短期間受け入れて、身体介護、医療的ケア、見守りを行います。

💗 サービス内容

- 自宅で暮らす障害児・者を、障害者支援施設、児童福祉施設、その他の施設で短期間受け入れて、身体介護（入浴、排せつ、食事、着替えなどの介助）、医療的ケア、見守り、その他必要な支援を提供するものです。
- 介護する家族等のレスパイトのため、あるいは病気・事故・冠婚葬祭・出張・旅行等で家族等から介護を受けられない状況が生じたときに利用できます。単身の利用者も、本人の心身の状況等から市町村が必要と認めれば、利用できます。

身体介護	見守り他	医療的ケア
・入浴、排せつ及び食事等の介護	・入所生活に生じるさまざまな事態に対応	・喀痰吸引、経管栄養など

👤 対象者 【児含む】

- 短期入所のタイプによって、対象要件が異なります。

> 食事・排せつ・入浴・移動のなかの一領域以上で「全介助」または「一部介助」を必要とする状態

(1) 福祉型短期入所

障害者	障害児
障害支援区分が「区分1」以上	障害の程度に応じて厚生労働大臣が定める区分において「区分1」以上

(2) 福祉型強化短期入所

障害児・者
(1)に加えて、医療的ケア判定スコア表に掲げられた医療行為の少なくともどれかを必要とする状態

(3) 医療型短期入所

障害児・者
重症心身障害、ALS等の疾患、強度行動障害でかつ要医療的ケアを要する場合など、常時、医学的管理と介護を必要とする状態

サービス利用のイメージ

● 時間帯や他サービスとの組み合わせにより、3パターンの利用形態があります。

短期入所の3つのサービス類型

● 短期入所は大きく分けて、障害者支援施設等で実施される「福祉型」と、病院・診療所・介護医療院等で実施される「医療型」があります。さらに、福祉型のなかでも常勤の看護職員を1人以上配置して、医療的ケアが必要な障害児者を積極的に受け入れる「福祉型強化」という類型があります。

「福祉型」、「医療型」、「福祉型強化」の概要

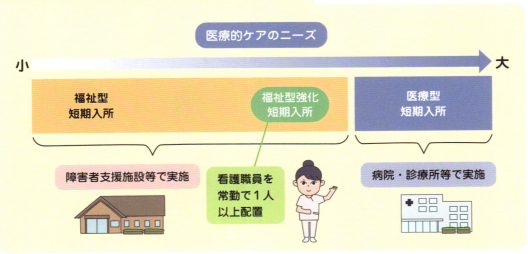

利用のポイント

連続利用は「30日」が限度

- 短期入所の連続利用は「30日」が限度となっています。ただし、連続して30日利用した後、1日以上利用しない期間を挟めば、再度連続した30日以内の利用は可能です。
- また、年間利用日数については、1年のうち半分（180日）を超えないようにしなければならないものとされています（起算日は最初に短期入所を利用した日）。
- ただし、「介護者が急病や事故によって長期間入院することとなった」などのやむをえない事情がある場合は、市町村の判断によっては、これらの日数を超えての利用が認められることがあります。

利用者が負担する金額

- サービス利用料の1割
- 食費
- 光熱水費
- 日用品費

※生活保護被保護世帯、住民税非課税世帯、一般1について食費負担が軽減される場合あり。

※サービス利用料は「基本報酬」（右頁）＋加算・減算。

2024年度改正情報　「日中一時支援」と「日帰りショートステイ」の二択に

従来は、①宿泊を伴う預かりは「短期入所」で、②宿泊を伴わない"日帰り預かり"は「日中一時支援」で——という役割分担がなされてきましたが、2024年度からは状況が変わりました。短期入所のなかに「福祉型強化特定」という名称の"宿泊なしのショートステイ"が新設されて、日帰り預かりの新たな選択肢が加わったのです。医療的ケアを要する障害児者の日中預かりニーズに応える趣旨で設けられた新サービスですが、地域全体の支援の質・量の底上げが期待されます。

- ①宿泊を伴う預かり → 短期入所
- ②宿泊を伴わない預かり → 福祉型強化特定短期入所【新設】／日中一時支援

〈参考〉短期入所の基本報酬

福祉型短期入所

報酬区分	児／者	受入時間帯	区分1	区分2	区分3	区分4	区分5	区分6
（Ⅰ）	者	1日	509 単位	583 単位	648 単位	784 単位	923 単位	
（Ⅱ）	者	夜間のみ	173 単位	240 単位	318 単位	527 単位	602 単位	

報酬区分	児／者	受入時間帯	区分1	区分2	区分3
（Ⅲ）	児	1日	509 単位	615 単位	784 単位
（Ⅳ）	児	夜間のみ	173 単位	279 単位	527 単位

福祉型強化短期入所

報酬区分	児／者	受入時間帯	区分1	区分2	区分3	区分4	区分5	区分6
（Ⅰ）	者	1日	751 単位	824 単位	889 単位	1,026 単位	1,164 単位	
（Ⅱ）	者	夜間のみ	413 単位	483 単位	559 単位	770 単位	844 単位	

報酬区分	児／者	受入時間帯	区分1	区分2	区分3
（Ⅲ）	児	1日	752 単位	858 単位	1,026 単位
（Ⅳ）	児	夜間のみ	412 単位	521 単位	770 単位

特定福祉型強化短期入所

報酬区分	児／者	受入時間帯	区分1	区分2	区分3	区分4	区分5	区分6
（Ⅰ）	者	日中のみ	715 単位	784 単位	846 単位	977 単位	1,107 単位	

報酬区分	児／者	受入時間帯	区分1	区分2	区分3
（Ⅱ）	児	日中のみ	714 単位	816 単位	977 単位

医療型短期入所

報酬区分	対象者	施設	受入時間帯	単位
（Ⅰ）	常時、医学的管理と介護を必要とする児・者（療養介護の対象者など）	看護体制7:1で正看比率70％以上の病院	1日	3,117 単位
（Ⅱ）	常時、医学的管理と介護を必要とする児・者（療養介護の対象者など）	上記以外の病院・診療所・介護医療院・介護老人保健施設	1日	2,864 単位
（Ⅲ）	区分1以上で遷延性意識障害またはALS等の児・者	病院・診療所・介護医療院・介護老人保健施設	1日	1,826 単位

医療型特定短期入所

報酬区分	対象者	施設	受入時間帯	単位
（Ⅰ）	常時、医学的管理と介護を必要とする児・者（療養介護の対象者など）	看護体制7:1で正看比率70％以上の病院	日中のみ	2,938 単位
（Ⅱ）	常時、医学的管理と介護を必要とする児・者（療養介護の対象者など）	上記以外の病院・診療所・介護医療院・介護老人保健施設	日中のみ	2,735 単位
（Ⅲ）	区分1以上で遷延性意識障害またはALS等の児・者	病院・診療所・介護医療院・介護老人保健施設	日中のみ	1,723 単位
（Ⅳ）	常時、医学的管理と介護を必要とする児・者（療養介護の対象者など）	看護体制7:1で正看比率70％以上の病院	夜間のみ	2,150 単位
（Ⅴ）	常時、医学的管理と介護を必要とする児・者（療養介護の対象者など）	上記以外の病院・診療所・介護医療院・介護老人保健施設	夜間のみ	2,020 単位
（Ⅵ）	区分1以上で遷延性意識障害またはALS等の児・者	病院・診療所・介護医療院・介護老人保健施設	夜間のみ	1,328 単位

※1単位＝10円～11.20円（地域区分によって異なる）で計算される。

1. 障害者向けのサービス　2. 障害児向けのサービス　3. 用具の提供　4. 医療関連の給付

⑨ 共同生活援助（グループホーム）

地域のなかに住まいを確保して、障害のある人が共同して自立した生活を送れるよう支援します。

サービス内容

- 一軒家、民間の賃貸マンション、公営住宅など、地域のなかに住まいを確保して、障害のある人が共同して自立した生活を送れるように、食事の提供または食事づくりの支援、健康管理や金銭管理の支援、日常の相談対応や情報提供、緊急時の支援、ニーズに応じて身体介護を提供するサービスです。

住まい	生活支援・見守り	相談対応
・一軒家、賃貸マンションなどの住居の提供	・共同して自立した生活を送るための各種支援	・生活全般に関する相談

対象者

障害者

- 障害者総合支援法が定義する「障害者」に該当する人であれば、障害種別・障害支援区分にかかわらず利用可能となっており、利用者像は多種多様です。

身体障害者には年齢制限あり

- ただし、身体障害者については以下のような「年齢制限」があります。

身体障害者の「年齢制限」

サービス利用のイメージ

3つのサービス類型

- 利用者の状況に適合した受け入れ体制が取れるように、①外部サービス利用型、②介護サービス包括型、③日中サービス支援型、という3つの類型が設けられています。
- ①と②は日中に就労、訓練、生活介護等を受け、夕方にグループホームに戻るというパターン、③は常時介護を必要とする人の利用が想定されます。

①外部サービス利用型
日常生活支援を提供。介護が必要なときには外部事業者に委託

日中：昼間は日中活動支援系のサービスを利用

夜間：グループホーム　介護ニーズは外部委託で対応

②介護サービス包括型
グループホーム職員が日常生活支援から介護まで一貫して提供

日中：昼間は日中活動支援系のサービスを利用

夜間：グループホーム　介護ニーズもグループホーム内で対応

③日中サービス支援型
グループホーム職員が日常生活支援から介護まで一貫して提供

← 日中～夜間通しで、グループホーム内においてケアを提供 →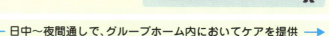

  介護ニーズもグループホーム内で対応

ミニ情報　グループホームに期待される機能・役割の広がり

近年、グループホームに期待される機能・役割が広がっています。
　その一つが、親の高齢化等に対応した「親元からの自立のサポート」です。加齢によって、介護者である親が病気を患ったり要介護となるリスクも高まりますし、先に亡くなった場合のことも視野に入れた"備え"が必要となります。グループホームは、親と同居する本人にとっての新たな生活拠点としての機能を果たしています。

95

地域移行のサポートを強化した「移行支援住居」

- 共同生活援助には、住まい・食・日常生活支援以外にも大事な機能があります。グループホームを"卒業"して、地域での一人暮らしやパートナーとの同居に移行できるようにサポートする機能です。
- この機能を強化するため、一人暮らし等の希望者だけを受け入れて、一定の期間、地域移行に向けた集中的な支援を実施するサービスが創設されました。このようなグループホームを「移行支援住居」といいます。

> グループホームの役割は、あくまでも「生活の場」であり、地域移行への支援は本人の希望を実現するためのサポートとして行われます。地域移行支援住居は、一人暮らし等への移行そのものが目的化した指導・訓練を行うサービスではありません。

移行支援住居のしくみ

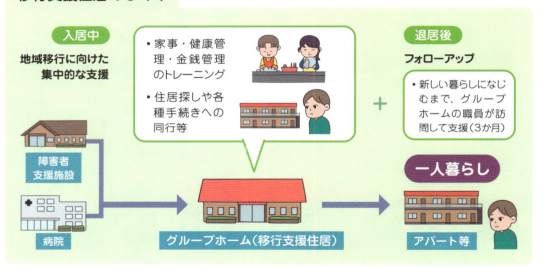

2024年度改正情報　地域連携推進会議の設置が全事業所に義務づけ

　共同生活援助における支援の質を確保する目的で、運営が閉鎖的にならないよう、地域住民・有識者・市町村担当者と利用者及び家族で構成する「地域連携推進会議」を各事業所に設置して、年1回以上の会合および事業所の見学会を開催することが、全事業所に義務づけられました。2024年度は努力義務ですが、2025年度以降は完全義務化となります。

利用者が負担する金額

- サービス利用料の1割
- 食費（食材料費）
- 家賃
- 光熱水費
- 日用品費

※住民税非課税世帯の場合は、家賃について1人月額1万円を上限とした「補足給付」が支給される。

サービス利用料の1割 ＋ 食費（食材料費） ＋ 日用品費 ＋ 光熱水費 ＋ 家賃

※サービス利用料は「基本報酬」（下表）＋加算・減算。

〈参考〉共同生活援助の基本報酬

報酬区分		配置等	障害支援区分					
			区分1以下	区分2	区分3	区分4	区分5	区分6
共同生活援助（介護サービス包括型）	（Ⅰ）	世話人配置 6:1	171	188	297	372 (270)	456 (306)	600 (369)
	（Ⅱ）	体験利用	273	290	410	481	569	717
日中サービス支援型共同生活援助	（Ⅰ）	世話人配置 5:1				524 (467)	771 (505)	860 (565)	997
	（Ⅱ）	体験利用				672	938	1028	1168
日中サービス支援型共同生活援助 ※日中をGH以外の場で過ごした場合		世話人配置 5:1	253	270	407	539 (356)	627 (394)	765 (454)
		体験利用	389	408	546	695	787	929

（　）内は、個別に居宅介護や重度訪問介護等の外部サービスを利用した場合に算定する単位。外部サービスに要した費用は別途算定。

報酬区分		配置等	単位
外部サービス利用型共同生活援助	（Ⅰ）	世話人配置 6:1	171
	（Ⅱ）	世話人配置 10:1	115
	（Ⅲ）	体験利用	273

＋ **受託居宅介護サービス費**
委託先の指定居宅介護事業者によって行われる受託居宅介護サービスについて算定

※1単位＝10円〜11.60円（地域区分によって異なる）で計算される。

1. 障害者向けのサービス / 2. 障害児向けのサービス / 3. 用具の提供 / 4. 医療関連の給付

10 重度障害者等包括支援

最重度の障害児・者の地域生活を支えるために、複数のサービスを包括的に提供します。

サービス内容

- 地域で暮らす重度の障害者を対象に、居宅介護、重度訪問介護、生活介護、短期入所などのサービスを包括的に提供する「複合型サービス」です。利用者本人の体調や心身状態の急変、同居の家族の急病などでニーズの変更が生じても、柔軟に対応して、そのときどきに最適なサービスを提供します。

重度障害者等包括支援に含まれるサービス

対象者 [児含む]

- 障害支援区分6であって、意思疎通を図ることに著しい支障があり、下記のいずれかに該当する障害児・者

I 類型	II 類型	III 類型
●重度訪問介護の対象であって、四肢すべてに麻痺等があり、寝たきり状態にあり、人工呼吸器による呼吸管理を行っている ●筋ジストロフィー、脊椎損傷、ALS、遷延性意識障害など	●重度訪問介護の対象であって、四肢すべてに麻痺等があり、寝たきり状態にあり、最重度の知的障害がある ●重症心身障害など	●行動援護の対象であって、障害支援区分の認定調査項目における行動関連項目等（12項目）の合計点数が10点以上 ●強度行動障害など

サービス利用のイメージ

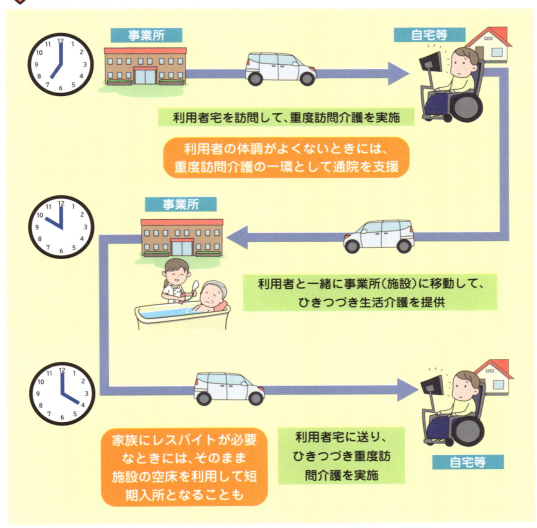

利用のポイント

なじみの支援者による継続した見守り

- 重度障害者等包括支援では、慣れ親しんだスタッフが身近に寄り添うことで安心感が醸成され、継続して本人の意思や心身状況を汲み取ることが可能であるとされます。また、訪問による個別のケアから通いでの他の利用者との交流も含む日中活動まで、トータルで環境調整を行えることも強みです。

ニーズの変化を前提に柔軟な対応

- 重度障害者等包括支援では、急な体調変化などでサービス利用予定の変更や緊急対応が頻回に必要になった場合に、スピーディーに「いま必要なケア」を提供できます。

利用者が負担する金額

- 重度障害者等包括支援では、サービス利用料の1割の負担のほかに、それぞれ利用したサービスについて、食費、光熱水費、日中活動費、日用品費、交通費、家賃などの実費が請求されます。その詳細及び負担軽減のしくみについては、各サービスの解説をご参照ください。

※サービス利用料は「基本報酬」（下表）＋加算・減算。

〈参考〉重度障害者等包括支援の基本報酬

居宅介護、重度訪問介護、同行援護、行動援護、
生活介護、自立訓練、就労移行支援、就労定着支援、
就労継続支援、自立生活援助を提供した場合

所要時間：1時間未満の場合	204 単位
所要時間：1時間以上 12時間未満の場合	305 単位に 30分を増すごとに ＋ 101 単位
所要時間：12時間以上 24時間未満の場合	2,514 単位に 30分を増すごとに ＋ 99 単位

共同生活援助を提供した場合
1,019 単位／日

短期入所を提供した場合
973 単位／日

※1単位＝10円〜11.20円（地域区分によって異なる）で計算される。

> 今後どうなる？

共生型サービス

特例的な"相互乗り入れ"

　共生型サービスとは、特例的に緩和された指定基準のもとで、一つの事業所が「介護保険サービス」と「障害福祉サービス」の両方を一体的に提供できるようにした"相互乗り入れ"のサービス形態を指します。

　制度の「縦割り」が原因で、65歳に達した障害者が馴染みの事業所からサービスが受けられなくなったり、利用可能なサービスが限られてしまうというような問題を解消するために、2018年4月に設けられました。

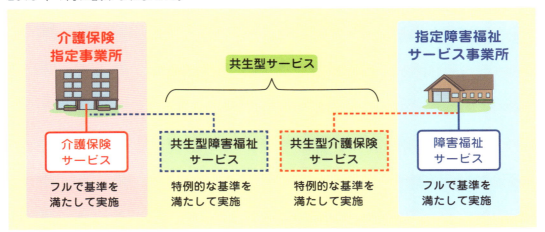

過渡期のサービス提供形態

　事業者としては、もう片方の基準を完全に満たせていなくても、まずは指定を受けて両制度で事業展開が可能となります。ただし、報酬はフルで基準を満たす場合よりも低く設定され、加算も十分に算定できないようになっています。これは、両制度の基準をクリアした、完全ハイブリッド型への移行を促す意図が込められていると見られます。つまり、共生型サービスは「過渡期のサービス提供形態」ととらえるべきでしょう。

着地点は「完全ハイブリッド型」

　一つの事業所で制度横断のサービスを提供するようになれば、以下のような効果が期待されます。いずれは、完全ハイブリッドの形態が21世紀におけるスタンダードとなるのでは？──と考えられます。

- 障害者が65歳以上になっても、同一事業所を継続利用できる
- 高齢者・障害児者とも、利用できる事業所の選択肢が増える
- 複雑化したニーズに臨機応変に対応できる
- 人口減少の進む地域でもサービス提供体制を維持できる

| 1. 障害者向けのサービス | 2. 障害児向けのサービス | 3. 用具の提供 | 4. 医療関連の給付 |

11 施設入所支援

障害者支援施設の入所者に提供される身体介護や医療的ケアのうち、日中支援を除くものです。

サービス内容

- 障害者支援施設を開設する事業者が、一定以上の障害を有する人を受け入れて、居住の場と食事を提供し、身体介護（入浴、排せつ、食事、着替えなどの介助）、医療的ケア、見守り、その他必要な支援を提供するものです。あわせて、地域での暮らしを希望する入所者に対して、移行に向けての各種支援を行います。

居住の場、食事

＋

身体介護	見守り他	医療的ケア	地域移行に向けた支援
・入浴、排せつ及び食事等の介護	・入所生活に生じるさまざまな事態に対応	・喀痰吸引、経管栄養など	・地域での暮らしを希望する人への支援

対象者

障害者

- 利用の対象となるのは、以下1〜3のいずれかに該当する人です。

1．生活介護の利用者	2．自立訓練、就労移行支援の利用者	3．就労継続支援B型の利用者
要件 ①区分4以上（50歳以上は区分3以上） ②上記に該当しないものの、指定特定相談支援事業所によってサービス等利用計画案が作成され、市町村が利用の組合せの必要性を認めた場合	**要件** ①入所して訓練・支援を行うことが必要かつ効果的と認められる場合 ②地域におけるやむをえない事情により、通所で訓練・支援を受けることが困難な場合	**要件** ○指定特定相談支援事業所によってサービス等利用計画案が作成され、市町村が利用の組合せの必要性を認めた場合

サービス利用のイメージ

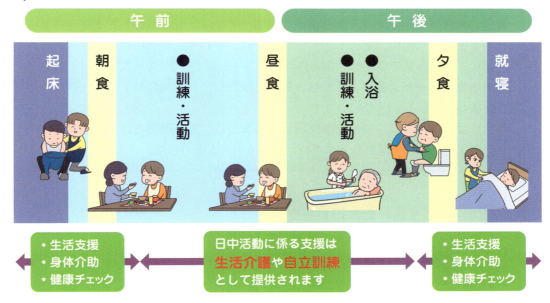

利用のポイント

障害者支援施設のケアは、昼と夜で"別建て"

● 障害者支援施設で提供されるケアは、昼と夜とで"別建て"となっています。日中（昼間）は「生活介護」または「自立訓練」、もしくは「就労継続支援B型」（以下「生活介護等」）として提供され、夜〜朝のケアは「施設入所支援」として提供されます。なお、入所者が希望すれば、施設外の事業所が提供する生活介護等を利用することもできます。

障害者支援施設で提供される昼・夜のサービス

※日中活動支援は入所している施設内で受けることも、外部のサービスを受けることもできる。

> **ミニ情報　なぜ日中と夜間で別給付？**
>
> 　障害者総合支援制度では、入所施設の機能が「住まいをはじめとする生活の基礎部分の支援」と「日中活動の支援」に分割され、それぞれ別々に給付費が支給されています。介護保険でいえば、特別養護老人ホームに対して、「夜間対応分」として介護福祉施設サービス費が支払われ、それとは別に「日中対応分」として通所介護費が支払われているようなものです。
>
> 　背景には、朝起きて学校や仕事に出かけるように、重い障害を負っていても昼間のアクティビティが確保されるべきだ、という考えがあります。

入所者の「地域生活への移行」を支援

● 障害者支援施設では、「施設を出て地域での生活を始めたい」との意向をもつ入所者に対しては、その意思を尊重し、地域生活支援拠点など関係機関と連携して、地域移行のための支援を行います。

> **2024年度改正情報　「意向確認」が施設の義務に、26年度から未実施減算も**
>
> 　2024年4月から、障害者支援施設はすべての入所者に対して、①将来的に施設を出て地域で暮らしたいという意向があるかどうか、②施設外の事業所に通所してサービスを利用してみたいという気持ちがあるかどうか――を確認し、その希望に応じなければならないとする義務が課せられました。
>
> 　それを確実に実行するように、担当者を選任して業務マニュアルを作成することが努力義務とされ、2026年4月以後は義務となり、これを怠るとペナルティとして1日5単位の報酬が減算されるようになります。

地域全体の支援ニーズに対応

● 地域移行と並んで重要な課題が、「緊急時の受け入れ」です。在宅で障害がある子の世話をしてきた親の病気や要介護、障害者自身の高齢化・重症化などで、地域での生活継続が困難となるリスクが拡大しています。そのため、障害者支援施設をはじめとする入所・居住系サービス事業者では、強度行動障害を有する人や濃厚な医療的ケアを必要とする人についても対応可能なように、「緊急受け入れ」体制の拡充に努めています。

利用者が負担する金額

- サービス利用料の1割
- 食費
- 光熱水費
- 日用品費

※低所得者については負担が軽減される（下記ミニ情報参照）。

※サービス利用料は「基本報酬」（下表）＋加算・減算。

〈参考〉施設入所支援の基本報酬

障害支援区分	利用定員					
	40人以下	41〜50人	51〜60人	61〜70人	71〜80人	81人以上
区分2以下	174単位	150単位	147単位	137単位	133単位	129単位
区分3	239単位	189単位	185単位	166単位	163単位	150単位
区分4	316単位	240単位	235単位	202単位	198単位	181単位
区分5	392単位	303単位	297単位	252単位	247単位	225単位
区分6	463単位	362単位	355単位	301単位	295単位	273単位

※1単位＝10円〜11.32円（地域区分によって異なる）で計算される。

ミニ情報　低所得者向けの多段階の負担軽減措置

入所者本人および配偶者が住民税非課税である場合は、本人の手取り収入から「利用者負担」＋「食費」＋「光熱水費」の合計負担額を差し引いてもなお一定金額（下記①〜③）が手元に残るように、軽減措置がとられることになっています。この軽減分の給付のことを、「特定障害者特別給付費（通称「補足給付」）」といいます。

①
- 障害基礎年金1級受給者
- 60歳〜64歳の者
- 65歳以上で、施設入所支援に合わせ生活介護を利用する者

28,000円

②
- 65歳以上で、施設入所支援に合わせ生活介護を利用しない者

30,000円

③
- ①②以外

25,000円

| 1. 障害者向けの サービス | 2. 障害児向けの サービス | 3. 用具の提供 | 4. 医療関連の給付 |

12 自立生活援助

地域で暮らす障害者の居宅を定期的に訪問して生活状況を確認し、困りごとを随時連絡を受けつけて、助言、連絡調整、各種手続きの支援を行います。

サービス内容

- 施設やグループホームではなく、地域内に自らの住まいをもって暮らす障害者の日常的に発生する"困りごと"に対応すべく、定期的に訪問して様子を確認のうえ必要な助言をしたり、本人からの連絡を随時受けて相談に乗ったり、外出に同行したり、手続き支援や連絡調整を行うサービスのことです。

対象者

障害者

- 利用の対象となるのは、以下1～3のいずれかに該当する人です。
- 障害支援区分は問われません。

❶ 退院・退所後の一人暮らし

①障害者支援施設やグループホーム、精神科病院等から地域での一人暮らしに移行した障害者等で、理解力や生活力等に不安がある人

❷ 一人暮らし

②現に、一人で暮らしており、自立生活援助による支援が必要な人（同居家族の死亡入院や、虐待等の事情により、急遽単身での生活をすることを余儀なくされ、日常生活の維持に支障を来したり、社会的孤立に陥るおそれがある場合）

❸ 同居家族からの支援が見込めない

③同居家族が障害や病気を有していたり、障害者の生活環境の大きな変化その他の事情により、支援を得ることが見込めず、人間関係、生活環境又は心身の状態変化により、自立した地域生活の継続が困難と認められる人

※上記のほか、「自立した地域生活を継続することが困難」であると市町村が認めた場合は、自立生活援助の利用対象となる。

サービス利用のイメージ

① 定期訪問
- 定期的に利用者宅を訪問し(原則として週1回以上)、以下の内容を確認する
  - 食事、洗濯、掃除などに課題はないか
  - 公共料金や家賃に滞納はないか
  - 体調に変化はないか、通院しているか
  - 地域住民との関係は良好か
- 必要に応じて助言、関係機関等との連絡調整を行う

② 随時対応
- 定期的な訪問だけではなく、利用者からの相談や要請が寄せられた際は、訪問、電話、メール等による随時の対応を行う

③ 外出同行
- 利用者からの要請に応じて、医療機関、行政機関、金融機関、買物等の同行を行う

2024年度改正情報　サービス利用対象は幅広く想定されることに

　障害者が地域で暮らすうえで手厚い支援を必要とするのは、必ずしも入退院後のスタートアップ時や、同居家族が死亡したり病気・障害になったときだけに限られるものではありません。しかし、従来の自立生活援助では、それ以外の場合について利用できるのかできないのかが曖昧でした。

　そこで、2024年度改正では、「当該障害者の生活環境の大きな変化その他の事情により」という文言が追加され、サービス利用対象となりえるケースを広範に想定する運用改善が図られました。

3章　障害福祉サービスの内容と使い方

利用のポイント

標準利用期間は1年、必要に応じて更新可

- 自立生活援助はそもそも、施設や病院を退所・退院してから地域での生活が軌道にのるまでの"つなぎ"として創設されたサービスです。そのため、利用できる期間（標準利用期間）は「1年間」に限られ、やむをえず超過してしまう場合には、市町村審査会の審査で認められた場合のみ、1回限りで更新できるという取り扱いでした。
- しかし、それでは利用実態にあわないということで、2021年度改正で複数回の更新が認められ、現在に至ります。

自立生活援助の利用期間

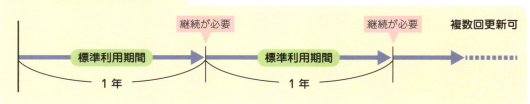

2024年度改正情報　条件つきでリモートでの支援も可能に

　利用者の状況に応じて、柔軟に支援を提供できるように、月に6回以上の訪問を要した場合に算定できる新たな加算（集中支援加算）が設けられるとともに、居宅訪問を一部テレビ電話等による面談に代えて支援提供する方式も認められることとなりました。

2024年度改正情報　サービス普及に向けて参入規制を撤廃

　従来、自立生活援助の指定を受けることができるのは「居宅介護・重度訪問介護・同行援護・行動援護・宿泊型自立訓練・共同生活援助の各事業者、指定相談支援事業者及び障害者支援施設」だけに限定されていました。

　しかし、居住支援法人を含む多様な事業主体の参入を促すべく、2024年4月から規制が撤廃されました。

利用者が負担する金額

- サービス利用料の1割

サービス利用料の1割

※サービス利用料は「基本報酬」(下表)＋加算・減算。

〈参考〉自立生活援助の基本報酬

- 自立生活援助サービス費（Ⅰ）
  - 退院・退所後1年以内の人、同居家族の死亡・入院や虐待等の事情で急遽単身での生活をすることになって1年以内の人が対象
  - 月2回以上の居宅訪問が必須
    （月途中から利用する場合や、終了に向けて訪問頻度の調整を行う場合を除き、原則として週1回以上訪問）

(1) 利用者数÷地域生活支援員＜30の事業所	1,566 単位（／月）
(2) 利用者数÷地域生活支援員≧30の事業所	1,095 単位（／月）

- 自立生活援助サービス費（Ⅱ）
  - 退院・退所後1年を超える人、居宅で一人暮らしの人、同居家族からの支援が見込めない人が対象
  - 月2回以上の居宅訪問が必須
    （月途中から利用する場合や、終了に向けて訪問頻度の調整を行う場合を除き、原則として週1回以上訪問）

(1) 利用者数÷地域生活支援員＜30の事業所	1,172 単位（／月）
(2) 利用者数÷地域生活支援員≧30の事業所	821 単位（／月）

- 自立生活援助サービス費（Ⅲ）
  - （Ⅰ）（Ⅱ）の対象者および「自立した地域生活を継続することが困難」であると市町村が認めた者」が対象
  - 月1回以上の居宅訪問＋月1回以上のリモート面談が必須

  700 単位

※1単位＝10円～11.20円（地域区分によって異なる）で計算される。

| 1. 障害者向けのサービス | 2. 障害児向けのサービス | 3. 用具の提供 | 4. 医療関連の給付 |

13 地域移行支援

障害者支援施設や精神科病院などに入所・入院している障害者が、退所・退院して地域での自立生活を始められるようにサポートします。

サービス内容

- 障害者支援施設や精神科病院などに入所・入院している障害者が、自らの希望により、退所・退院して地域での自立生活を始められるように、意思決定や手続きをサポートします。
- 地域移行支援の給付決定の有効期間は「最大6か月」で、期間内に地域移行が完結せず、利用者が引き続きの利用を希望している場合は、更新申請のうえ必要性が認められれば、利用継続できます。

初期の支援
- 訪問相談
  （信頼関係構築、退院・退所に向けたイメージ作りなど）
- 地域移行支援計画作成

中期の支援
- 訪問相談
  （不安解消や動機付け等）
- 同行支援
- 日中活動の体験利用
- 外泊・体験宿泊

終期の支援
- 住居の確保等
- 同行支援
- 関係機関との調整

対象者

障害者

- 利用対象は、以下いずれかに該当し、地域生活への移行のための支援が必要と認められる人です。
- 障害支援区分は問われません。

①障害者支援施設、療養介護を行う病院、救護施設・更生施設、矯正施設または更生保護施設に入所している人
※児童福祉施設に入所する18歳以上の人、障害者支援施設に入所する15歳以上の障害者みなしの人も対象となります

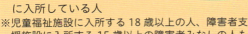

②精神科病院（精神病室が設けられている病院を含む）に1年以上入院している人
※入院期間が1年未満でも、措置入院や医療保護入院による入院患者で、地域移行支援を必要とする人、地域移行支援を行わなければ入院の長期化が見込まれる人も対象となります

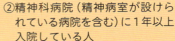

利用者が負担する金額

- 地域移行支援には、サービス利用料の1割負担はありません。
- ただし、サービス提供に伴う実費（外出時の交通費、食事代等）は利用者自身が負担します。

> **利用者負担なし**
> サービス提供に伴う実費（外出時の交通費、食事代等）は利用者自身が負担

※事業者が市町村から受け取るサービス料は、「基本報酬」（下表）＋加算・減算。

〈参考〉地域移行支援の基本報酬

地域移行支援サービス費（Ⅰ）	地域移行支援サービス費（Ⅱ）	地域移行支援サービス費（Ⅲ）
3,613 単位（／月）	3,157 単位（／月）	2,422 単位（／月）
下記①②を満たし、かつ、前年度に地域移行した利用者数実績が「3人以上」の指定地域移行支援事業者によるもの	下記①②を満たし、かつ、前年度に地域移行した利用者数実績が「1人以上」の指定地域移行支援事業者によるもの	左記のⅠ・Ⅱのいずれにも該当しない指定地域移行支援事業者によるもの

①社会福祉士・精神保健福祉士、精神障害者地域移行・地域定着支援関係者研修の修了者である相談支援専門員等を1人以上配置していること
②対象施設と緊密な連携を図り、退院・退所等に向けた会議への参加、地域移行に向けた障害福祉サービスの説明、ピアサポーター等による意欲喚起のための活動等を、いずれかの対象施設に対して概ね月1回以上実施していること

※1単位＝10円〜11.20円（地域区分によって異なる）で計算される。

> **ミニ情報　オーダーメイドの伴走支援**
>
> 　地域移行支援の支援者は、利用者から暮らしたいところ、してみたいことなどの希望を聴き取り、生活費の見通しや困ったときの相談先なども確認したうえで、目標や支援内容を「地域移行支援計画」に落とし込み、施設・病院の「退所（退院）支援計画」とすりあわせます。
> 　そのうえで、退院・退所後の利用が想定される障害福祉サービスの事業所を一緒に見学してみたり、体験宿泊を利用したりします。さらに、不動産事業者に同行して一緒に物件探しをしたり、行政手続きや関係機関との調整をサポートします。地域移行支援は退院・退所をもって終了となり、その後も引き続き支援が必要な場合は、「自立生活援助」や「地域定着支援」に引き継がれます。

3章　障害福祉サービスの内容と使い方

| 1. 障害者向けのサービス | 2. 障害児向けのサービス | 3. 用具の提供 | 4. 医療関連の給付 |

14 地域定着支援

常時連絡がとれる体制を取って不安なときの相談やSOSの連絡を受け付け、必要な対応をとることで、地域生活の継続をサポートします。

サービス内容

- 主に居宅で一人暮らしの障害のある人を対象に、常時連絡がとれる体制を取っておいて、不安なときやトラブルが起きたときのSOSを受け、緊急訪問を含む相談支援を行う「見守り」サービスです。
- 「自立生活援助」と似通っていますが、地域定着支援は"待ちの見守り"、自立生活援助は"能動的な見守り"です。地域定着支援と自立生活援助を同時期に利用することはできません。

対象者

障害者

- 利用対象は、以下いずれかに該当し、地域生活を継続するための支援が必要と認められる人です。
- 障害支援区分は問われません。

| ①居宅において単身であるため緊急時の支援が見込めない状況にある障害者 | ②居宅で同居する家族等がいるものの、その家族等に障害・疾病等があり、緊急時等の支援が期待できない状況にある人  |

利用者が負担する金額

- 地域移行支援には、サービス利用料の1割負担はありません。

利用者負担なし

※事業者が市町村から受け取るサービス料は、「基本報酬」（下表）＋加算・減算。

〈参考〉地域定着支援の基本報酬

1. 体制確保費	
夜間職員の配置、携帯電話等による、常時の連絡体制確保を評価する報酬	315 単位（／月）

2. 緊急時支援費	
緊急を要する個別の事案について、その都度講じた対応を評価する報酬	
①緊急時支援費（Ⅰ）…緊急時の「居宅訪問」または「滞在型の支援」※1	734 単位（／日）
②緊急時支援費（Ⅱ）…深夜（22時〜6時）に電話による相談援助※2	98 単位（／日）

※1　実施事業所が「地域生活拠点」の指定を受けている場合は、50単位を上乗せ
※2　緊急時支援費（Ⅰ）を算定する場合は、緊急時支援費（Ⅱ）は併算定できない

※1単位＝10円〜11.20円（地域区分によって異なる）で計算される。

ミニ情報　地域定着支援台帳とクライシスプラン

　地域定着支援では、サービス開始にあたって、本人・関係機関・事業所の間で「緊急時」の範囲・考え方をすり合わせておきます。さらに、事業所内の誰が電話に出ても適切に対応できるように、利用者の心身の状況、利用者を取り巻く環境、利用者が利用している福祉サービス事業者・医療機関その他の関係機関の連絡先、緊急時に連絡する家族等の連絡先、その他の利用者に関する情報を記載した、「地域定着支援台帳」を作成しておきます。
　また、本人の調子が悪くなる際の兆候や対処の仕方は、本人・関係機関・事業所の間で話し合って、「クライシスプラン」というシートにまとめて、台帳と一緒に備えておきます。

1. 障害者向けのサービス | 2. 障害児向けのサービス | 3. 用具の提供 | 4. 医療関連の給付

15 就労移行支援

一般企業への就労を希望する65歳未満の障害者に対して、職業訓練、就労先の紹介、求職活動支援などを通じて、就労実現をサポートします

サービス内容

- 就労移行支援は、仕事をした経験のない人でも自信をもって就労できるように、一般常識、ビジネスマナー、対人スキルなどを一つひとつ指南し、本人の希望や適性や課題を把握したうえで、最善の就労先を紹介して、就活を支援するものです。無事就職できれば、6か月間のアフターケアが提供され、その後は「就労定着支援」に引き継がれます。

※あん摩マッサージ指圧師、はり師、きゅう師の学校または養成施設で、免許を取得するための支援（3年または5年間）を行う「養成施設型」の就労移行支援もある。

職業訓練	就労先の紹介	求職活動支援	アフターケア
・一般常識、ビジネスマナー等の習得	・本人の希望・適正等を考慮して紹介	・面接対策や必要書類の準備の支援	・就労後の職場定着を支援

対象者

障害者
- 利用対象は、以下のすべてに該当する人です。
- 障害支援区分は問われません。

- 一般企業への就労を希望している
- 支援を通じて一般就労が可能と見込まれる
    ※65歳以上の人については、以下①②を満たしていることが必要
    ① 65歳に達する前日時点で、就労移行支援の支給決定を受けていた
    ② 65歳に達する前5年間、継続して障害福祉サービスの支給決定を受けていた

※養成施設型のサービスについては、「あん摩マッサージ指圧師免許、はり師免許またはきゅう師免許を取得することにより、就労を希望する人」が対象。

サービス利用のイメージ

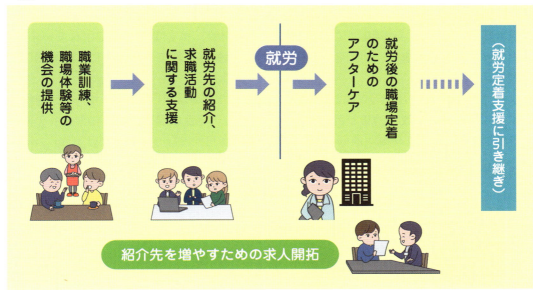

> **ミニ情報** 一般就労と福祉的就労

　障害者雇用において「一般就労」とは、障害のある人が企業や官公庁と雇用契約を結んではたらくことを意味します。労働者という立場で、就業規則を遵守して働く必要がありますが、最低賃金が保障されます。就労移行支援が目指すのは、この一般就労です。

　一方、「福祉的就労」は、一般就労が困難な障害者が、障害福祉サービス事業所等で利用者として一定の支援を受けつつ、障害の程度に配慮された就労の機会を得ることをいいます。福祉的就労のなかにも、雇用契約を結ぶ「雇用型」（就労継続支援A型）と、雇用契約は結ばない「非雇用型」（就労継続支援B型）があります。

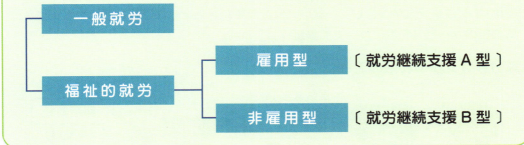

利用のポイント

利用期間に「上限」がある

- 就労移行支援には、利用期間の目安（標準利用期間）が2年間と規定されています。就労移行支援事業者は、利用者がこの期間内に就労が可能であるように、計画的にサポートを進めます。
- なお、2年間のうちに十分な成果が得られなかった場合は、「引き続きサービスを提供することによって改善効果が具体的に見込まれる」場合に限り、市町村審査会の個別審査を経て、最大1年間（原則1回）の利用継続が可能になっています。

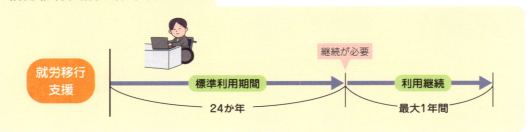

就労移行支援の標準利用期間

2か月の「お試し利用」で、サービスが適合するか確認

- 就労移行支援は、利用のプロセスに"お試し利用"が組み込まれています。
- 就労移行支援の利用を申請すると、支給決定に先立って、まずは試行的に最大2か月間、自分の受けたいと思う事業所の訓練・支援を受けることとなります。この間に、利用者側は「自分の希望するプログラムであるかどうか」を確かめ、事業者や市町村も、利用者の状態にプログラムが適合しているかを評価します。これを「暫定支給決定」といいます。
- お試し利用の期間が経過して、本人が利用継続を希望し、かつ、プログラムが適合している（改善効果が見込まれる）と評価された場合は、そのまま利用継続となります（本支給）。プログラムが適合していない（改善効果が見込まれない）と評価された場合は、その後のサービス利用について調整が行われます。

就労移行支援の利用の流れ

利用者が負担する金額

- サービス利用料の1割
- 食費（食事の提供を受けた場合）
- 日用品費

※生活保護被保護世帯、住民税非課税世帯、一般1について食費負担が軽減される場合あり。

※サービス利用料は「基本報酬」（下表）＋加算・減算。

〈参考〉就労移行支援の基本報酬

（／日）

就職後6月以上定着率	事業所規模（定員数）				
	20人以下	21人〜40人	41人〜60人	61人〜80人	81人〜
5割以上	1,210単位	1,055単位	1,023単位	968単位	935単位
4割〜5割未満	1,020単位	881単位	857単位	816単位	779単位
3割〜4割未満	879単位	743単位	711単位	664単位	625単位
2割〜3割未満	719単位	649単位	614単位	562単位	516単位
1割〜2割未満	569単位	524単位	515単位	494単位	478単位
0割超1割未満	519単位	466単位	446単位	418単位	392単位
0	479単位	432単位	413単位	387単位	364単位

※1単位＝10円〜11.18円（地域区分によって異なる）で計算される。

> **2024年度改正情報　利用期間延長の流れ、2027年から変わる**
>
> 2027年4月以降は、標準利用期間を超えて利用を継続するには、原則として「就労選択支援」を受けることが必要となります。

3章　障害福祉サービスの内容と使い方

| 1. 障害者向けの
サービス | 2. 障害児向けの
サービス | 3. 用具の提供 | 4. 医療関連の給付 |

16 就労定着支援

就労を果たした人が、やりがいをもって長く働き続けられるように、本人に伴走し、就労先や関係機関と連携して、課題解決の支援を行います。

サービス内容

- 企業等に一般就労した人を対象に、支援員が定期的に職場を訪問して状況を把握し、本人からの相談を受け付けて、助言や環境調整を行う伴走型支援です。本人自身の職場適応が進み、職場内での日常的なサポート（ナチュラルサポート）が得られるように、働きかけをします。
- 利用期間は3年間です。その後は必要に応じて障害者就業・生活支援センター等へ引き継ぎます。
- あん摩マッサージ指圧師、はり師、きゅう師の学校または養成施設で、免許を取得するための支援（3年または5年間）を行う「養成施設型」の就労移行支援もあります。

状況把握・相談対応	助言・連絡調整	支援レポートの提供
・月1回以上、利用者の就労先または利用者宅を訪問して、状況を把握し、適宜対応	・就労先企業での適切な環境づくりへの働きかけ、障害福祉サービス事業所、医療機関等との連携	・実施した支援内容を記載した報告書（支援レポート）を利用者に提供 |//

対象者

障害者
- 利用対象は、以下のすべてに該当する人です。
- 障害支援区分は問われません。

- 就労移行支援、就労継続支援、自立訓練、生活介護の利用を経由して、一般就労した
- 就労後、6か月を経過した
- 就労に伴う環境変化により生活面の課題が生じている

サービス利用のイメージ

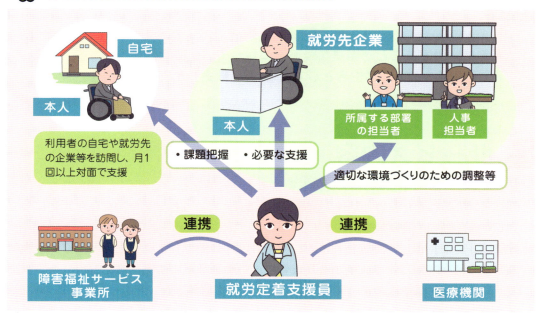

利用者が負担する金額

● サービス利用料の1割

※サービス利用料は「基本報酬」（下表）＋加算・減算。

〈参考〉就労定着支援の基本報酬

（／月）

就労定着率	単位数
9割5分〜	3,512 単位
9割〜9割5分未満	3,348 単位
8割〜9割未満	2,768 単位
7割〜8割未満	2,234 単位
5割〜7割未満	1,690 単位
3割〜5割未満	1,433 単位
3割未満	1,074 単位

※1単位＝10円〜11.20円（地域区分によって異なる）で計算される。

1. 障害者向けのサービス　2. 障害児向けのサービス　3. 用具の提供　4. 医療関連の給付

17 就労継続支援A型

企業等に就労することが困難な障害者に対して、生産活動の機会を提供します。雇用契約を結んで労働者として従事し、「賃金」が支払われます。

サービス内容

- 支援を受ければ相当程度の就労能力を有する人を労働者として雇用し、障害特性や個々のニーズにあわせた支援と訓練を継続的に実施しつつ、「自分の能力を生産活動に役立てて対価を得る」機会を提供します。
- 報酬は「賃金」として支払われます。利用者は「労働者」という立場となり、事業所の定める就業規則に従う必要がありますが、労働基準法による保護を受け、一定以上の労働条件が保障されます。賃金については、都道府県ごとに定められた「最低賃金」以上の水準が保障されます。

①就労機会の提供	②スキルアップ支援	③就労移行支援
・雇用契約に基づいて就労の機会を提供	・就労・生産活動に必要な知識およびスキルの獲得・向上を支援	・一般就労が見込まれる人を対象とした就労移行支援

対象者

障害者
- 利用対象は、以下のすべてに該当する人です。
- 障害支援区分は問われません。

- 企業等への就労は困難であるものの、適切な支援を受ければ、雇用契約に基づく継続的な就労が可能と見込まれる人
  ※65歳以上の人については、以下①②を満たしていることが必要です。
  ①65歳に達する前日時点で、就労移行支援の支給決定を受けていた
  ②65歳に達する前5年間、継続して障害福祉サービスの支給決定を受けていた

サービス利用のイメージ

午前	昼食	午後
● 朝礼　● 作業		● 作業　● 片付け・清掃　● 終礼

利用のポイント

2か月の「お試し利用」で、作業・環境が適合するか確認

- 就労継続支援A型は、利用のプロセスに"お試し利用"が組み込まれています。
- 就労継続支援A型の利用を申請すると、支給決定に先立って、まずは試行的に最大2か月間、自分の希望する事業所で就業することとなります。この間に、利用者側は「作業内容や就労環境が自分に合っているかどうか」を確かめ、事業者や市町村の側も、利用者の状態と作業内容・就労環境が適合しているかを評価します。これを「暫定支給決定」といいます。
- お試し利用の期間が経過して、本人が利用継続を希望し、かつ、作業内容・就労環境が適合していると評価された場合は、そのまま利用継続となります（本支給）。課題があると評価された場合は、その後のサービス利用について調整が行われます。

就労継続支援A型の利用の流れ

利用者負担のかからない事業所もある

- 就労継続支援Ａ型は、障害者総合支援制度の給付のなかで唯一、事業者から利用者に、労働の対価として労働基準法に基づく「賃金」が支払われるサービスです。
- そしてもうひとつ、Ａ型にしかない特徴があります。それは、事業者の判断で、雇用関係にある全利用者について、利用者負担を"減免"することが認められている——ということです。これを「利用者負担減免措置」といい、減免する費用は事業者の負担で賄われます。

- 利用者負担減免措置を行う場合、事業者は都道府県にあらかじめ届出しておく必要があります。
- 雇用関係にない利用者については、利用者負担減免措置の対象とはなりません。

利用者負担減免措置の内容

ミニ情報　差別的な取り扱いは認められません

利用者負担減免は、雇用関係のある利用者全員に対して、等しく措置を実施しなければなりません。したがって、人によって減免したりしなかったりと差を設けることは認められません。

利用者が負担する金額

- サービス利用料の1割
- 食費（食事の提供を受けた場合）
- 日用品費

※生活保護被保護世帯、住民税非課税世帯、一般1について食費負担が軽減される場合あり。

※サービス利用料は「基本報酬」（下表）＋加算・減算。

〈参考〉就労継続支援A型の基本報酬

（従業員配置7.5：1の場合）

評価点	利用定員				
	20人以下	21人～40人	41人～60人	61人～80人	81人以上
170点以上	791単位	710単位	672単位	660単位	641単位
150点～170点未満	733単位	656単位	619単位	609単位	588単位
130点～150点未満	701単位	626単位	590単位	580単位	559単位
105点～130点未満	666単位	594単位	558単位	547単位	529単位
80点～105点未満	533単位	474単位	445単位	438単位	422単位
60点～80点未満	419単位	373単位	350単位	344単位	333単位
60点未満	325単位	288単位	271単位	266単位	258単位

①労働時間（5点～90点）
②生産活動（－20点～60点）
③多様な働き方（0点～15点）
④支援力向上（0点～15点）
⑤地域連携活動（0点～10点）
⑥経営改善計画（－50点～0点）
⑦利用者の知識・能力向上（0点～10点）

①＋②＋③＋④＋⑤＋⑥＋⑦＝評価点

※1単位＝10円～11.20円（地域区分によって異なる）で計算される。

2024年度改正情報　新規利用の流れ、2027年4月から変わる

2027年4月以降は、就労継続支援A型の新規利用にあたっては、原則として「就労選択支援」を受けることが必要となります。

3章　障害福祉サービスの内容と使い方

1. 障害者向けのサービス　2. 障害児向けのサービス　3. 用具の提供　4. 医療関連の給付

18 就労継続支援B型

企業等に就労することが困難な障害者に対して、生産活動の機会を提供します。サービス利用者として活動に従事し、「工賃」が支払われます。

サービス内容

- 雇用契約のもとで就業規則に則って働き続けることは難しい人が、支援を受けながら自分のペースで無理なく生産活動に参加できる居場所として提供されるサービスです。
- 雇用契約は結ばず、報酬は「工賃」として支払われます。最低賃金の適用はありませんが、平均工賃が月3,000円を下回ってはならないものと定められています。

①生産活動の機会提供	②スキルアップ支援	③就労移行支援
・生産活動その他の活動の機会を提供	・就労・生産活動に必要な知識及びスキルの獲得・向上を支援	・一般就労や就労継続支援A型への移行が可能だと見込まれる人を対象とした支援

対象者

 障害者
- 利用対象は、以下に該当する人です。
- 障害支援区分は問われません。

- 雇用契約に基づく継続的な就労は困難であるものの、適切な支援を受ければ、生産活動等を通じて知識・スキルの獲得・向上や、QOLの維持・向上が見込まれる人。
- 年齢制限はありません。65歳以上の人も、無条件で利用できます。

2024年度改正情報　新規利用の流れ、2025年10月から変わる

2025年10月以降は、就労継続支援B型の新規利用にあたっては、原則として「就労選択支援」を受けることが必要となります。

サービス利用のイメージ

午前		午後
● 朝礼　● 作業 	昼食	● 作業　● 片付け・清掃　● 終礼 

利用者が負担する金額

- サービス利用料の1割
- 食費（食事の提供を受けた場合）
- 日用品費

※生活保護被保護世帯、住民税非課税世帯、一般1について食費負担が軽減される場合あり。

サービス利用料の1割 ＋ 食費 ＋ 日用品費

※サービス利用料は「基本報酬」（下表）＋加算・減算。

〈参考〉就労継続支援B型の基本報酬

● 工賃向上計画を作成している事業所　　　（従業員配置「7.5対1」の事業所の場合）

平均工賃月額	利用定員				
	20人以下	21人～40人	41人～60人	61人～80人	81人以上
4.5万円以上	748単位	666単位	625単位	614単位	594単位
3.5万円～4.5万円未満	716単位	637単位	599単位	588単位	568単位
3万円～3.5万円未満	669単位	596単位	561単位	551単位	533単位
2.5万円～3万円未満	649単位	580単位	545単位	535単位	518単位
2万円～2.5万円未満	637単位	557単位	525単位	515単位	498単位
1.5万円～2万円未満	614単位	544単位	511単位	501単位	485単位
1万円～1.5万円未満	584単位	520単位	488単位	479単位	463単位
1万円未満	537単位	478単位	449単位	440単位	425単位

3章　障害福祉サービスの内容と使い方

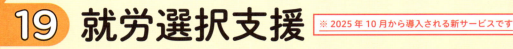

19 就労選択支援

※2025年10月から導入される新サービスです

就労アセスメントの手法を活用して、本人の希望、就労能力、適性等に合った就労先や働き方が選択できるようサポートします。

♥ サービス内容

- 就労系サービスの利用希望者を対象に、本人の希望を聴き取り、就労能力や適性等をアセスメントして、どのような仕事・就労先が最善か、どのような訓練を受けたほうがよいかなどを本人と一緒に考え、適切な選択をサポートします。開始から終結まで「原則1か月」の短期集中型サービスです。
- 2025年10月から導入される新サービスです。

①アセスメント	②多機関連携会議	③連絡調整	④情報提供
・作業場面等を活用してアセスメント。本人の強みや特性、望む方向に進むうえで課題等を一緒に把握	・関係機関とアセスメント結果を共有し、適切な支援につなげる	・関係機関との連携、連絡調整	・就労支援に関する社会資源や、雇用事例等の情報を収集・整理して、進路選択の資料として利用者に提供

対象者

 障害者

- 利用対象は、以下に該当する人です。
- 障害支援区分は問われません。
- なお、就労移行支援及び就労継続支援A型・B型の利用にあたって、一部、先に就労選択支援を受けることが必須となるように、利用要件が順次見直されます。

- 就労移行支援または就労継続支援（A型・B型）の利用を希望する人
- 現に就労移行支援または就労継続支援（A型・B型）を利用している人

サービス利用のイメージ

- 就労選択支援導入後（2025年10月以後）は、就労系サービスの利用申請に先立って、就労選択支援でアセスメントを受け、仕事内容、訓練内容、就労先（事業所）などについて助言等を得たうえで、本人が自己決定する流れとなります。
- その結果、就労系サービス（福祉的就労または訓練）ではなく、企業や役所への就労を目指すこととなった場合は、ハローワークへと橋渡しが行われます。就労系サービスを選択した場合は、改めて「利用申請」の手続きを行います。
- 新しい流れへの移行は段階的に行われます。就労継続支援B型は2025年10月から、就労継続支援A型は2027年4月から、新規利用申請に先立って就労選択支援を受けることが原則必要となります。

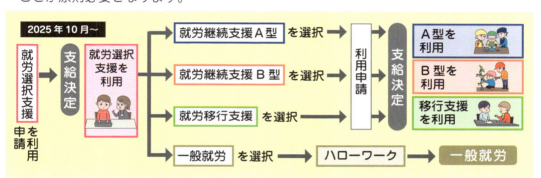

利用者が負担する金額

- サービス利用料の1割
- 食費（食事の提供を受けた場合）
- 日用品費

※生活保護被保護世帯、住民税非課税世帯、一般1について食費負担が軽減される場合あり。

※サービス利用料は「基本報酬」（下表）＋加算・減算。

〈参考〉就労選択支援の基本報酬

就労選択支援サービス費：1日につき1,210単位

| 1. 障害者向けの
サービス | 2. 障害児向けの
サービス | 3. 用具の提供 | 4. 医療関連の給付 |

20 移動支援

> 地域特性やニーズに応じて**市町村の裁量**により実施される地域生活支援事業です

障害種別を問わず、幅広い用途に対応して外出を介助します。

サービス内容

- 屋外での移動が困難な障害児・者を対象に、社会生活上必要不可欠な外出、余暇活動などの社会参加のための外出を支障なく行えるようにサポートします。同行援護のように視覚障害者に利用対象を限定することなく、居宅介護の通院等介助のように用途を「通院や役所」に限定することなく、さまざまなシーンで利用可能です。
- 移動支援は市町村の裁量によって実施される「地域生活支援事業」に位置づけられたサービスです。用途、対象要件、料金等は全国一律ではなく、市町村ごとに個別に定められています。

利用対象となる外出の例

| 通院 | 金融機関 | 理美容 | 買い物 |
| 余暇・スポーツ | 墓参り | 冠婚葬祭 | 保護者参観 |

対象者

`障害者`

- 利用対象は、「障害によって単独での外出に著しい制限があり、全面的または部分的な支援を必要としている人」です。その基準については、市町村ごとに個別に定められています。

利用者が負担する金額

- 市町村の定める料金（サービス利用料）
- 移動に要した交通費（同行するヘルパーの分も含む）
- 移動先での経費（入場料等）にかかる実費負担（同行するヘルパーの分も含む）

サービス利用料の1割 ＋ （かかった交通費（ヘルパー分を含む） ＋ 必要経費（同））

※サービス利用料は「基本報酬」（下表）＋加算・減算。

ミニ情報　「自立支援給付」の優先

移動に関する支援は、自立支援給付の「居宅介護（通院等介助）」「同行援護」「行動援護」「重度訪問介護」でも行われており、対象や用途が一部重複しています（下図）。法令上の定めはありませんが、いずれも利用できる場合は自立支援給付によるサービスを優先する取扱いの市町村が多いようです。

サービスの種類			18歳以上				18歳未満障害児
			身体障害	難病	知的障害	精神障害	
自立支援給付	居宅介護	通院等介助（身体介護を伴う）	障害支援区分2以上であり、かつ、歩行・移乗・移動・排尿・排便のいずれかについて支援が必要な者				左記に相当する支援が必要と認められる児童
		通院等介助（身体介護を伴わない）／通院等乗降介助　●病院への通院　●官公署での手続きなどにかかる外出	障害支援区分1以上の者				障害支援区分1に相当する支援が必要と認められる児童
	重度訪問介護　●社会生活上必要不可欠な外出　●社会参加のための外出		障害支援区分4以上であり、かつ、重度の肢体不自由者、または重度の知的障害者若しくは精神障害者				
	同行援護　●社会生活上必要不可欠な外出　●社会参加のための外出		重度の視覚障害をもつ者				重度の視覚障害をもつ児童
	行動援護　●社会生活上必要不可欠な外出　●社会参加のための外出				障害支援区分3以上であり、重度の知的障害、精神障害をもつ者		左記に相当する支援が必要と認められる児童
地域生活支援事業	移動支援　●社会生活上必要不可欠な外出　●社会参加のための外出		障害者等であって、外出時に「移動の支援が必要」であると市町村が認めた障害児・者				

| 1. 障害者向けの
サービス | 2. 障害児向けの
サービス | 3. 用具の提供 | 4. 医療関連の給付 |

21 地域生活支援事業の その他のサービス

> 地域特性やニーズに応じて**市町村の裁量**により実施される地域生活支援事業です

サービス内容

日中一時支援事業

- 家族が急病・体調不調や急用などで介護ができなくなったとき、あるいはストレスや疲労でレスパイトが必要なときなどに、本人を日帰りで一時的に預かって、安全な環境と必要なケア、見守りを提供するサービスです。事前に予定していなくても、柔軟に活用できます。
- 障害福祉サービス事業所、障害者支援施設、学校の空き教室などで実施されます。送迎サービスを含めて実施しているところもあります。
- 日中一時支援を利用している時間は、ホームヘルプサービス等その他の障害福祉サービス等を利用できません。
- 利用料は市町村ごとに定められています。食費、日用品費等について実費負担がかかる場合があります。

地域活動支援センター

- 障害児・者の地域社会での活動や交流を支援する拠点施設です。創作的活動や生産活動の機会を提供したり、地域のイベントへの参加等を通して社会との交流の促進を図っています。また、本人や家族からのさまざまな相談に応じたり、情報提供を行ったりしています。センターによっては、機能訓練や入浴サービスを提供しているところもあります。
- 利用料は市町村ごとに定められますが、無料としているところが多いようです。ただし、食費、創作活動にかかる材料費、日用品費等について実費負担がかかる場合があります。

訪問入浴サービス事業

- 看護師又は准看護師若しくは介護職員が、身体障害児・者の居宅を訪問し、浴槽を持ち込んで入浴サービスを提供し、身体の清潔の保持、心身機能の維持等を図るものです。介護保険制度でいうところの「訪問入浴介護」に相当します。
- サービス提供時に利用者の病状の急変が生じた場合やその他必要な場合は、サービス提供従事者は、速やかに主治医またはあらかじめサービス提供事業者が定めた協力医療機関への連絡を行う等の必要な措置が講じられます。
- 利用料は市町村ごとに定められています。

意思疎通支援事業

- 聴覚、言語機能、音声機能、視覚、盲ろう、失語、知的、発達、高次脳機能、重度の身体などの障害や難病のため、意思疎通を図ることに支障がある障害児・者を対象に、手話通訳者・要約筆記者を派遣したり、訳・代筆・代読・音声訳等による支援を行います。
- 利用料は市町村（都道府県）ごとに定められますが、多くは無料となっているようです。

相談支援

- 障害児・者の福祉に関するさまざまな問題について、本人や家族などからの相談に応じ、必要な情報の提供及び助言その他の障害福祉サービスの利用支援等、必要な支援を行うとともに、虐待の防止及びその早期発見のための関係機関との連絡調整その他の障害者等の権利擁護のために必要な援助（相談支援事業）を行います。
  - （1）福祉サービスの利用援助（情報提供、相談等）
  - （2）社会資源を活用するための支援（各種支援施策に関する助言・指導等）
  - （3）社会生活力を高めるための支援
  - （4）ピアカウンセリング
  - （5）権利の擁護のために必要な援助
  - （6）専門機関の紹介 等

| 1. 障害者向けの
サービス | **2. 障害児向けの
サービス** | 3. 用具の提供 | 4. 医療関連の給付 |

1 児童発達支援

障害のある未就学の児童に対して、通所により、日常生活上の基本動作および知識技能の習得、集団生活への適応などを促す援助を行います。

サービス内容

- 「児童発達支援」とは、障害のある未就学の子どもに対し、身体的・精神的機能の適正な発達を促し、日常生活及び社会生活を円滑に営めるように、障害の特性に応じた福祉的、心理的、教育的及び医療的な援助を通所で行うサービスです。
- 発達支援のメインは、障害児本人に働きかけて健やかな成長をサポートする「本人支援」と、保育所や学校で同年代の子どもと一緒に学んだり遊んだりできるように環境調整を行う「移行支援」です。あわせて、家族へのサポートやネットワーク構築にも取り組みます。

1．本人支援
- 日常生活における基本的動作及び知識技能を習得し、生活能力の向上を図ることができるように、障害特性に応じた障害児の成長を促す

2．移行支援
- 障害の程度にかかわらず、可能なかぎり地域の保育・教育等を受け、同年代の子どもと仲間になって、共に成長できるように環境調整を行う

3．家族支援
- 児童が障害を有することを家族として受け止め、ありのままを肯定し、本人の育ちを支え続けられるように家族を支援

4．地域支援
- 子どもが地域で適切な支援を受けられるように関係機関等と連携し、地域の子育て支援力を高めるためのネットワークを構築

対象者 [障害児のみ]

- 集団療育及び個別療育を行う必要があると認められる、主に未就学の障害児

※医学的診断名または障害者手帳を有することは、必須要件ではありません（市町村保健センター、児童相談所、保健所等の意見で可）。

サービス利用のイメージ

午前		昼食	午後	
送迎 ● 健康チェック ● はじめの会	○プログラム活動 ○自由遊び ○入浴 		○プログラム活動 ○おやつ ○自由遊び ○お出かけ	● おわりの会 送迎

発達支援／身体介助／見守り

※児童発達支援のありようは多種多様。事業者によって、時間帯（午前・午後通し、午前のみ、午後のみ）、実施形態（集団療育、個別療育）、参加形態（児童のみの利用、親子で一緒に参加して利用）などが異なる。

支援のポイント

総合的な支援

● 児童発達支援では、将来、日常生活や社会生活を円滑に営めるように、①健康・生活、②運動・感覚、③認知・行動、④言語・コミュニケーション、⑤人間関係・社会性——という5領域の視点をふまえたアセスメントを行い、生活や遊び等のなかで発達を促すオーダーメイドの支援を行います。

①健康・生活	②運動・感覚	③認知・行動	④言語・コミュニケーション	⑤人間関係・社会性
・健康状態の維持・改善 ・生活のリズムや生活習慣の形成 ・基本的生活スキルの獲得	・姿勢と運動・動作の向上 ・姿勢と運動・動作の補助的手段の活用 ・保有する感覚の総合的な活用	・認知の発達と行動の習得 ・空間・時間、数等の概念形成の習得 ・対象や外部環境の適切な認知と適切な行動の習得	・言語の形成と活用 ・言語の受容及び表出 ・コミュニケーションの基礎的能力の向上 ・コミュニケーション手段の選択と活用	・他者とのかかわり（人間関係）の形成 ・自己の理解と行動の調整 ・仲間づくりと集団への参加

専門的な支援

● 5領域の総合的な支援に加え、専門職による機能訓練や心理指導など、5領域のうち、特定（または複数）の領域に重点をおいた支援を集中的に行います。

3章 障害福祉サービスの内容と使い方

サービスの提供主体

提供主体は、「児童発達支援センター」と、その他の「児童発達支援事業所」です。

「児童発達支援センター」
- 乳幼児期から学童期に至るまで、障害児支援に関する中核的役割を果たす地域の拠点施設です。専門人材を配置して自らサービスを提供しながら、地域の障害児支援事業所からの相談を受け付けて対応を助言する役割、発達支援に関する地域の相談窓口としての役割、障害児の地域社会への参加・包摂を進める司令塔としての役割を担っています。

その他の「児童発達支援事業所」
- 就学前の児童に提供する児童発達支援を担います。

2024年度改正情報　「医療型」と「福祉型」のサービスを一本化

児童発達支援は従来、福祉サービスとして提供される「福祉型」と、肢体不自由児が医療機関で治療（リハビリテーション）もあわせて提供を受ける「医療型」とに分かれていましたが、2024年度から一元化されました。できるだけ身近な地域で支援を受けられるように、体制整備を促すことを目的とした改正です。

2024年度改正情報　支援のバラつきを防ぐ「支援プログラムの公表」義務化

児童発達支援の支援内容は、各事業所によって大きく異なります。ガイドラインに記された5領域（下図①〜⑤）をまんべんなく提供している事業所もあれば、専門職による機能訓練や心理指導に特に注力しているところ、ピアノや絵画等の習い事を中心にこどものウェルビーイング向上を図るところ――など、相当の"幅"があります。

2024年改正では、どの事業所であっても5領域を押さえた支援が提供されるように、運営基準が見直されました。さらに、事業所としてどのような構成で5領域と絡めて支援を提供するのか、そのプログラム（方針）をホームページ等で公表することが義務づけられました（2025年3月までは努力義務）。

利用者が負担する金額

- サービス利用料の1割
  ただし、3歳児〜5歳児については、幼児教育・保育無償化施策が適用されて、利用者負担が無料となります。
- 食費、おやつ代（提供を受けた場合）
- 日中活動で必要になる経費（実費）
- 日用品費

※生活保護被保護世帯、住民税非課税世帯、一般1について食費負担が軽減される場合あり。

※サービス利用料は「基本報酬」（下表）＋加算・減算。

〈参考〉児童発達支援の基本報酬

児童発達支援センター以外で行う場合（重症心身障害児を除く）

所要時間	医療的ケア区分	利用定員 10人以下	11〜20人	21人以上
30分〜1時間30分以下	医療的ケア児（32点以上）	2,933 単位	2,684 単位	2,568 単位
	医療的ケア児（16点以上）	1,917 単位	1,668 単位	1,552 単位
	医療的ケア児（3点以上）	1,579 単位	1,330 単位	1,214 単位
	上記以外	901 単位	652 単位	536 単位
1時間30分〜3時間以下	医療的ケア児（32点以上）	2,959 単位	2,702 単位	2,582 単位
	医療的ケア児（16点以上）	1,943 単位	1,687 単位	1,567 単位
	医療的ケア児（3点以上）	1,605 単位	1,348 単位	1,228 単位
	上記以外	928 単位	671 単位	551 単位
3時間〜5時間以下	医療的ケア児（32点以上）	3,012 単位	2,739 単位	2,611 単位
	医療的ケア児（16点以上）	1,996 単位	1,732 単位	1,596 単位
	医療的ケア児（3点以上）	1,658 単位	1,385 単位	1,257 単位
	上記以外	980 単位	707 単位	580 単位

重症心身障害児の場合

5〜7人以下	8〜10人	11人以上
2,131 単位	1,347 単位	850 単位

※1単位＝10円〜11.52円（地域区分、事業所類型によって異なる）で計算される。

| 1. 障害者向けの
サービス | **2. 障害児向けの
サービス** | 3. 用具の提供 | 4. 医療関連の給付 |

2 放課後等デイサービス

就学している障害児に対して、放課後または休業日に、生活能力の向上のための活動を実施したり、地域交流の機会を提供します。

サービス内容

- 「放課後等デイサービス」とは、就学している障害児を対象として、安心・安全でその子がその子らしく過ごせる居場所を提供し、多様な遊びや体験活動等により、個々の子どもの状況に応じた発達を促すサービスです。

1. 本人支援
- 学齢期における発達の程度や障害特性をふまえて、個別性に配慮された環境のなかで、多種多様な体験の機会を提供して成長を促すとともに、地域社会との交流が確保されるよう援助

2. 移行支援
- 障害のある子どもだけでなく、他の子どもも含めた集団等のなかで「共に育つ」ことができるように、地域の他の子どもや地域住民との交流、放課後児童クラブとの併行利用を進める

3. 家族支援
- 子育てに困難さを感じているか、孤立していないか──など、家族の困り感に寄り添いながら、本人の育ちを支え続けられるように心理面あるいは物理的な援助を実施

4. 地域支援
- 学校と密な連携をとり、①本人の状態や課題、②個別の教育支援計画や学習内容、③支援の方法などについて共有。地域での交流の場が広がるように、関係機関や地域住民と日常的に連携

対象者 障害児のみ

- 学校（右記）に就学しており、障害の状態・発達段階や家庭環境等の状況から、学校終了後や休日に自立的に過ごすことが難しく、放課後等デイサービスによる発達支援を必要と認められた児童。

小学校、中学校、高校、特別支援学校
専修学校（2024年度から追加）
各種学校（2024年度から追加）

サービス利用のイメージ

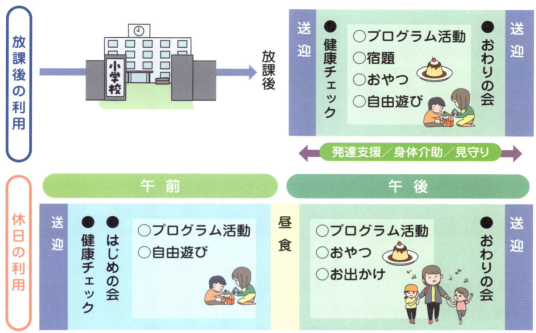

※放課後等デイサービスのありようは多種多様。特に休日における実施については、事業者によって時間帯（午前・午後通し、午前のみ、午後のみ）が異なる。

支援のポイント

- 児童発達支援と同じように、①健康・生活、②運動・感覚、③認知・行動、④言語・コミュニケーション、⑤人間関係・社会性、という5領域の視点からアセスメントが行われ、発達の程度や障害特性をふまえて、オーダーメイドの支援が計画的に提供されます。
- この5領域を押さえた支援が適切に提供されるように、2024年4月に運営基準が見直され、事業所としてどのように5領域を絡めた支援を行うか、プログラム（方針）をホームページ等で公表することが義務づけられました（2025年3月までは努力義務）。

> **ミニ情報** 「安全な居場所」として
>
> 　放課後等デイサービスには、さまざまな背景のある子どもが通っています。なかには、精神的な理由などで不登校の子どもや、保護者から十分な養育を受けていない子どもも含まれます。それらの状況にある子どもにとっては、放課後等デイサービスは、安心で安全に過ごせる居場所であり、日常の不安を軽減解消し、社会的コミュニケーションを図ることができる場となっています。

利用者が負担する金額

- サービス利用料の1割
  ただし、3歳児～5歳児については、幼児教育・保育無償化施策が適用されて、利用者負担が無料となります。
- 食費、おやつ代（提供を受けた場合）
- 日中活動で必要になる経費（実費）
- 日用品費

※生活保護被保護世帯、住民税非課税世帯、一般1について食費負担が軽減される場合あり。

サービス利用料の1割 ＋ 食費 ＋ おやつ代 ＋ 日中活動で必要になる経費 ＋ 日用品費

※サービス利用料は「基本報酬」（下表）＋加算・減算。

〈参考〉放課後デイサービスの基本報酬

障害児（重症心身障害児を除く）

所要時間	医療的ケア区分	利用定員 10人以下	11～20人	21人以上
30分～1時間30分以下	医療的ケア児（32点以上）	2,591単位	2,399単位	2,304単位
	医療的ケア児（16点以上）	1,583単位	1,391単位	1,296単位
	医療的ケア児（3点以上）	1,247単位	1,055単位	960単位
	上記以外	574単位	382単位	287単位
1時間30分～3時間以下	医療的ケア児（32点以上）	2,627単位	2,423単位	2,322単位
	医療的ケア児（16点以上）	1,618単位	1,414単位	1,313単位
	医療的ケア児（3点以上）	1,282単位	1,078単位	977単位
	上記以外	609単位	406単位	305単位
3時間～5時間以下	医療的ケア児（32点以上）	2,683単位	2,461単位	2,361単位
	医療的ケア児（16点以上）	1,674単位	1,452単位	1,352単位
	医療的ケア児（3点以上）	1,399単位	1,116単位	1,016単位
	上記以外	666単位	443単位	343単位

重症心身障害児

授業終了時に実施

利用定員 5～7人	8～10人	11人以上
1,771単位	1,118単位	692単位

休業日に実施

利用定員 5～7人	8～10人	11人以上
2,056単位	1,299単位	817単位

※1単位＝10円～11.52円（地域区分、事業所類型によって異なる）で計算される。

いくつ説明できますか？
障害福祉分野の略称

障害福祉の現場では、外部の人には皆目見当のつかない「略語」で会話が交わされることがあります。一つひとつの語句の名称と意味を確認しましょう。

児発
〈サービス名／事業所類型〉

（サービスとしての）児童発達支援のこと。児童発達支援を行っている事業所を指すこともあります。

放デイ
〈サービス名／事業所類型〉

放課後等デイサービスのこと。あるいは放課後等デイサービスを行っている事業所のこと。

重訪
〈サービス名〉

重度訪問介護のこと。ちなみに、重度障害者包括支援は「重度包括」。

A型
〈サービス名／事業所類型〉

就労継続支援A型のこと。あるいは就労継続支援A型を行っている事業所のこと。「就A」と略すこともあります。

B型
〈サービス名／事業所類型〉

就労継続支援B型のこと。あるいは就労継続支援B型を行っている事業所のこと。「就B」と略すこともあります。

地活
〈事業所類型〉

地域活動支援センター（地域生活支援事業）のこと。

児発管
〈職位名〉

児童発達支援管理責任者のこと。障害児（18歳未満）向けにサービスを提供する事業所で、現場の実務を主導する専門職です。本人（児童）や家族の状況を把握して個別支援計画を作成したり、相談支援機関ほか関係機関との連携に当たったりします。

サビ管
〈職位名〉

サービス管理責任者のこと。障害者（18歳以上）向けにサービスを提供する事業所で、現場の実務を主導する専門職です。本人や家族の状況を把握して個別支援計画を作成したり、相談支援機関ほか関係機関との連携に当たったりします。ちなみに、「サ責」（サセキ）とは、介護保険の訪問介護事業所のサービス提供責任者のこと。

担会
〈会議名称〉

サービス担当者会議のこと。「サー担」「サ担」などと略すこともあります。

なかぽつ
〈関係機関名称〉

障害者就業・生活支援センターのこと。障害のある人が仕事に関することと生活に関することの両方を相談できる施設。名称の就業と生活の間に「・」があることが由来です。

3章 障害福祉サービスの内容と使い方

| 1. 障害者向けのサービス | 2. 障害児向けのサービス | 3. 用具の提供 | 4. 医療関連の給付 |

3 居宅訪問型児童発達支援

外出が困難な障害児の自宅を訪問して、児童発達支援を行います。

サービス内容

- 重度の障害等のために外出が著しく困難な障害児を対象に、支援者が居宅を訪問して、児童発達支援を行います。
- 日常生活における基本的動作及び知識技能を習得し、生活能力の向上を図ることができるように、「児童発達支援」や「放課後等デイサービス」と同様、5領域の支援（下表）を行いつつ、状況に応じて将来的に障害児通所支援の集団生活に移行していくための支援や、それらに付随する家族支援を提供します。

①健康・生活	②運動・感覚	③認知・行動	④言語・コミュニケーション	⑤人間関係・社会性
・健康状態の維持・改善 ・生活のリズムや生活習慣の形成 ・基本的生活スキルの獲得	・姿勢と運動・動作の向上 ・姿勢と運動・動作の補助的手段の活用 ・保有する感覚の総合的な活用	・認知の発達と行動の習得 ・空間・時間、数等の概念形成の習得 ・対象や外部環境の適切な認知と適切な行動の習得	・言語の形成と活用 ・言語の受容及び表出 ・コミュニケーションの基礎的能力の向上 ・コミュニケーション手段の選択と活用	・他者との関わり（人間関係）の形成 ・自己の理解と行動の調整 ・仲間づくりと集団への参加

対象者   障害児のみ

- 重度の障害等により、障害児通所支援を利用するために外出することが著しく困難な障害児。

(例)
- 重度の障害の状態であって外出が困難と考えられる児童
- 人工呼吸器を装着している状態その他日常生活営むために医療を要する児童
- 重い疾病のため感染症にかかるおそれがある児童

サービス利用のイメージ

外出の困難な障害児とその家族が地域で孤立せずに暮らせるように、居宅訪問型児童発達支援のほかに「訪問教育」「居宅訪問型保育」「訪問看護」などがあわせて実施されます。

利用者が負担する金額

● サービス利用料の1割

ただし、3歳児〜5歳児については、幼児教育・保育無償化施策が適用されて、利用者負担が無料となります。

※サービス利用料は「基本報酬」(下表)+加算・減算。

〈参考〉居宅訪問型児童発達支援の基本報酬

居宅訪問型児童発達支援給付費：1,066 単位（1日につき）

※1単位＝ 10 円〜 11.24 円（地域区分、事業所類型によって異なる）で計算される。

 発達支援の3サービスで「支援プログラム公表」が義務に

2024 年改定で、児童発達支援や放課後等デイサービスに導入された、5領域とのかかわりを盛り込んだ支援プログラム（事業所全体のもの）の公表義務づけや、「支援プログラム未公表減算」は、居宅訪問型児童発達支援にも適用されます。2025 年3月までは努力義務で、減算の適用開始は 2025 年4月からです。

| 1. 障害者向けの
サービス | 2. 障害児向けの
サービス | 3. 用具の提供 | 4. 医療関連の給付 |

④ 保育所等訪問支援

障害児が集団生活を営む保育所などの施設を訪問し、障害児以外の児童との集団生活への適応のための専門的な支援を行います。

サービス内容

- 保育所や幼稚園、認定こども園、学校、放課後児童クラブなど、障害児が集団生活を営む施設（これから入園・入学する予定の施設を含む）を訪問支援員が訪問し、障害のない子どもとの集団生活への適応のための専門的な支援を行うものです。
- 支援員は、対象児童を集団生活に合わせるのではなく、訪問先施設の職員に働き掛けて、本人の特性や発達段階に応じた環境調整、活動の流れの見直し、状況にあわせたかかわり方の工夫などを通じて、「よりよい育ちの場」となるようサポートします。

対象者

- 保育所をはじめ以下の施設に在籍する児童で、集団生活への適応などに課題を有し、専門的な支援が必要と認められた障害児。

（対象施設）
- 保育所、幼稚園、認定こども園
- 小学校、特別支援学校
- 乳児院、児童養護施設
- その他児童が集団生活を営む施設として、地方自治体が認めたもの

サービス利用のイメージ

① 観察：施設に着いたら、対象児童の様子、職員によるかかわり方、施設環境などについて観察

② 支援：
- 本人への支援
  - 集団生活への適応や日常生活動作にかかる支援を提供
- 職員への支援
  - 障害への理解を促し、環境づくりやかかわり方を助言
  - 職員自身が自律的に考えられるようエンパワメント

③ 報告：
- 保護者に対して、児童の様子や支援の内容を報告
- 訪問先施設に対して、児童のニーズ、支援内容、取り組むべき課題をフィードバック

利用者が負担する金額

● サービス利用料の1割

ただし、3歳児～5歳児については、幼児教育・保育無償化施策が適用されて、利用者負担が無料となります。

サービス利用料の1割

※サービス利用料は「基本報酬」（下表）＋加算・減算。

〈参考〉保育所等訪問支援の基本報酬

保育所等訪問支援給付費：1日につき　1,071単位

※1単位＝10円～11.24円（地域区分、事業所類型によって異なる）で計算される。

| 1. 障害者向けのサービス | 2. 障害児向けのサービス | 3. 用具の提供 | 4. 医療関連の給付 |

5 障害児入所支援

障害のある児童を施設で受け入れてケアを提供し、日常生活上の基本動作及び知識技能の習得などを促す援助を行います。

サービス内容

- 障害の状態や家庭環境などによって在宅での暮らしが難しい状況の児童について、障害児入所施設で受け入れて、安全な環境、身の回りの世話、適正な発達を促すケアを提供します。障害児入所施設には、①発達支援機能、②自立支援機能、③社会的養護機能、④地域支援機能という4つの機能があります。
- 障害児入所施設には、児童福祉施設であると同時に医療法上の病院として治療もあわせて行う「医療型」の施設と、それ以外の「福祉型」の施設があります。

障害児入所施設が担う4つの機能

1. 発達支援機能	2. 自立支援機能
・重度・重複障害、行動障害など多様な状態像への対応 ・家庭的な養育環境の提供 ・教育と福祉の連携	・退所後の地域生活や就労などを見据えた支援 ・関係者・関係機関との連携
3. 社会的養護機能	**4. 地域支援機能**
・被虐待児のケア ・家族再構築に向けた支援 ・児童養護施設等との連携	・障害児の家族への支援 ・障害児を委託されている里親やファミリーホームへの支援

対象者 [障害児のみ]

- 身体に障害のある児童、知的障害のある児童、精神に障害のある児童（発達障害児を含む）。
  ※手帳の有無は問わず、児童相談所、医師等により療育の必要性が認められた児童も対象。
  ※3障害対応を原則とするが、障害の特性に応じた支援の提供も可能。
  　（ただし、医療型の対象は、知的障害児、肢体不自由児、重症心身障害児）

サービス利用のイメージ

午前	午後
起床／朝食／●訓練・活動／昼食	●訓練・活動／●入浴／夕食／就寝

💰 利用者が負担する金額

- 福祉型と医療型で費用負担が異なります（下図参照）。
- 3歳児〜5歳児は、幼児教育・保育無償化施策により、利用者負担は無料。
- 食費および光熱水費等（医療型の場合はあわせて医療費）に関する負担がかかりますが、地域で子どもを養育する世帯と同程度の負担となるよう所得区分に応じて負担限度額が設定されていて、それを上回る分の支払が減免されることになっています。

福祉型障害児入所施設

サービス利用料の1割 ＋ 食費 ＋ おやつ代 ＋ 光熱水費 ＋ 日用品費

医療型障害児入所施設

サービス利用料の1割 ＋ 療養介護医療の自己負担金 ＋ 入院時食事標準負担額 ＋ おやつ代 ＋ 日用品費

※サービス利用料は「基本報酬」（下表）＋加算・減算。

〈参考〉障害児入所支援の基本報酬

福祉型障害児入所支援の基本報酬
（定員規模により、以下の幅で設定）

知的障害児	493単位〜1727単位
自閉症児	637単位〜845単位
盲児	519単位〜1903単位
ろうあ児	518単位〜1889単位
肢体不自由児	720単位〜766単位

医療型障害児入所支援の基本報酬
（医療型障害児入所施設で行う場合）

肢体不自由児	189単位
重症心身児	988単位
自閉症児	380単位

※1単位＝10円〜11.28円（地域区分、事業所類型によって異なる）で計算される。

3章 障害福祉サービスの内容と使い方

| 1. 障害者向けの
サービス | 2. 障害児向けの
サービス | **3. 用具の提供** | 4. 医療関連の給付 |

1 補装具費の支給 児含む

失われた身体部位や、損なわれた身体機能を代償・補完する「補装具」の購入費や修理費等を助成します。

補装具とは

- 失われた身体部位や損なわれた身体機能を代償、補完する用具。利用する人の身体にフィットするように製作され、身体に装着（装用）して用いるもののことを指します。義肢、装具、車いす、電動車いす、歩行器、歩行補助杖（T字状、棒状のものを除く）、座位保持装置、盲人安全杖、義眼、眼鏡、補聴器、重度障害者用意思伝達装置などがこれにあたります。

視覚障害
- 眼鏡
- 義眼
- 視覚障害者安全杖

聴覚障害
- 補聴器
- 人工内耳（人工内耳用音声信号処理装置の修理のみ）

音声・言語機能障害
- 重度障害者用意思伝達装置

肢体不自由等
- 義肢（義手、義足）
- 装具
- 座位保持装置
- 車いす
- 電動車いす
- 歩行補助杖
- 歩行器

障害児
- 起立保持具
- 座位保持いす
- 頭部保持具
- 排便補助具

補装具費の支給

費用の9割を支給

- 対象となるのは、「補装具を必要とする障害者、障害児、難病患者等」です。申請して認められれば、補装具の購入・修理・借受にかかる費用の9割相当額について、自立支援給付の一環として支給されます。1割分の自己負担についても、所得区分ごとに上限が下表のように定められています。

区分	世帯の状況	負担上限額
生活保護	生活保護受給世帯	0円
低所得	市町村民税非課税世帯	0円
一般	市町村民税課税世帯	37,200円

- なお、補装具費支給制度には所得制限があります。対象者が成人で、本人および配偶者の所得が「市町村民税所得割額46万円以上」となる世帯については、補装具費の給付対象外となります。一方、対象者が児童の場合については、所得制限はありません。

基準を超える「特別仕様」の品目を希望する場合

- 製品ごとの費用額については、主材料、工作法、基本構造、付属品等によって、国が基準額（上限価格）を定めています。特別なデザイン・素材や機能追加によって基準額を超える品目については、市町村が認める場合に限り、基準額との差額を本人が負担することで給付対象となります。この場合、支給される補装具費は「基準額の9割」ということになります。

ミニ情報 介護保険が優先される4品目

全17品目ある補装具のうち、「車いす」「電動車いす」「歩行器」「歩行補助つえ」の4品目については、介護保険でも福祉用具貸与の対象ともなっているため、介護保険優先の原則が適用されます。つまり、①65歳以上の身体障害者、または②40歳～64歳で特定疾病により要介護・要支援となっている人が、これらの品目の提供を受ける場合は、原則として介護保険から貸与を受けることとなります。

ただし、更生相談所等が「本人の身体状況に個別に対応して、オーダーメイドによる補装具を提供する必要がある」と判断した場合は、障害者総合支援制度のもとで補装具費の支給を受けることができます。

補装具購入等と支給申請の流れ

● 補装具購入等と支給申請は、次のような手続きにより、行います。

1. 補装具費の支給を申請

- 補装具の購入等を希望する利用者が市町村窓口で申請書類を受け取り、必要事項を記入して補装具費支給の申請を行います。

2. 支給決定

- 市町村は、身体障害者更生相談所等の意見を基に申請内容を審査し、支給決定します。申請された補装具の種目によって、①～③の手順がとられます。
  ①利用者が指定された日に身体障害者更生相談所に行き判定（直接判定）を受け、その結果を基に市町村が支給決定する。
  ②申請書類によって身体障害者更生相談所が判定（書類判定）を行い、その結果を基に市町村が支給決定する。
  ③申請書類によって市町村が判定及び支給決定する。

（補装具費の支給が認められた場合）

3. 補装具業者との契約

- 支給決定の通知とともに、市町村から「補装具費支給券」が送られてくるので、利用者はこれを補装具業者に提示し、補装具の購入等について契約を結びます。

4. 補装具の製作・引渡し

- 補装具業者は利用者との契約に基づいて補装具を製作し、適合性を確認したうえで引き渡します。

5. 補装具の購入費支払い

- 補装具業者から請求を受け、代金を支払います。補装具費の受給方法が「償還払い」であるか、「代理受領」であるかによって、手続きが異なります。

償還払いの場合
- 補装具の購入に要した費用の全額を補装具業者支払う

代理受領の場合
- 「利用者負担額」（購入費の1割分）を補装具業者に支払う
- 装具費支給券を補装具業者に引き渡す

利用者にかかわる手続きはこれで終了です。
※このあと、補装具業者による請求に基づき、市町村から補装具費（残額）が支払われる

6. 補装具費支払いの請求

- 利用者は領収書と補装具費支給券を添えて、市区町村に補装具費を請求します。

7. 補装具費の支給

- 市町村は利用者からの請求が正当と認めた場合、補装具費の支給を行います。

「償還払い」と「代理受領」について

- 補装具費の受給方法として、「償還払い」と「代理受領」があります。それぞれ、以下のような流れとなります。
- 補装具費の支給は、原則として、償還払いによって行われるものとされています。代理受領は、市町村が代理受領を実施していて、かつ、代理受領登録を済ませた事業所から購入等する場合にかぎり、利用できます。

償還払い	代理受領
利用者から事業者に費用を全額支払ったうえで、市町村に給付費（9割分）を請求して、口座振込で還付を受ける	利用者は事業者に「利用者負担」（1割相当）のみを支払い、残額は事業者から市町村に請求して受領する

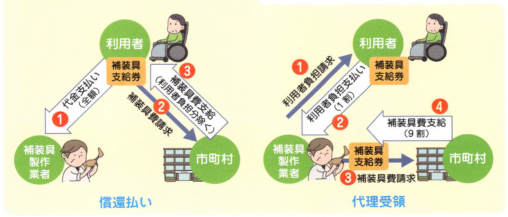

「償還払い」と「代理受領」の流れ

1. 障害者向けのサービス　2. 障害児向けのサービス　**3. 用具の提供**　4. 医療関連の給付

2 日常生活用具給付事業 児含む

日常生活の中での困難を改善して、自立した生活を送るための助けになる用具（日常生活用具）を給付します。

日常生活用具とは

- 在宅で暮らす障害児・者の日常生活を支えるための用具です。
- ①介護・訓練支援、②自立生活支援、③在宅療養等支援、④情報・意思疎通支援、⑤排泄管理支援、⑥居宅生活動作補助の6分野があります。
- 一般に普及している製品や、製作・開発に障害や難病に関する専門知識・技術を必要としない製品は含まれません。

日常生活用具の例

①介護・訓練支援用具
特殊寝台、特殊マット、特殊尿器、入浴担架、体位変換器、移動用リフト、訓練いす　など

②自立生活支援用具
入浴補助用具、便器、頭部保護帽、T字状・棒状のつえ、移動・移乗支援用具、特殊便器、火災警報機、自動消火器、電磁調理器、歩行時間延長信号機用小型送信機、聴覚障害者用屋内信号装置　など

③在宅療養等支援用具
透析液加温器、ネブライザー、電気式たん吸引器、パルスオキシメーター　など

④情報・意思疎通支援用具
携帯用会話補助装置、情報・通信支援用具、点字ディスプレイ、点字器、点字タイプライター、視覚障害者用ポータブルレコーダー、視覚障害者用活字文書読上げ装置、視覚障害者用拡大読書器、視覚障害者用時計、聴覚障害者用通信装置、聴覚障害者用情報受信装置、人工喉頭、点字図書　など

⑤排泄管理支援用具
ストーマ装具、紙おむつ等、収尿器

⑥居宅生活動作補助用具
住宅改修費

日常生活用具の支給

市町村ごとに、給付内容に差異がある

- 日常生活用具給付等事業は、地域の実情や利用者の状況に応じて市町村の裁量で実施する「地域生活支援事業」に位置づけられた事業です。市町村によって給付内容に若干の差異があります。

150

- 日常生活用具給付等事業では、市町村が「購入費用の９割を支給」することとしていますが、なかには種目ごとに自己負担割合を軽減したり、あるいは自己負担を不要としているところあります。逆に、購入費用が一定額を超えた場合に、超過額をすべて自己負担としている市町村もあります。
- 約７割の市町村で自己負担額の「上限」を設定しています。

日常生活用具支給申請の手続き（例）

１．日常生活用具の支給を申請

２．支給決定

市町村は、必要な調査等を行い、適当であると認められた場合は支給を決定します。利用者に対して日常生活用具給付決定通知書及び日常生活用具給付券を交付するとともに、日常生活用具販売業者に給付を委託します。

（日常生活用具の支給が認められた場合）

３．日常生活用具販売業との契約

４．日常生活用具の引渡し

５．日常生活用具の購入費支払い

- 事業者から請求を受け、代金を支払います。「償還払い」であるか、「代理受領」であるかによって、手続きが異なります。

償還払いの場合	代理受領の場合
・日常生活用具の購入費用の全額を事業者に支払う	・「利用者負担額」を事業者に支払う ・日常生活用具給付券を事業者に引き渡す

6. 補装具費支払いの請求

7. 補装具費の支給

利用者にかかわる手続きはこれで終了です。
※このあと、事業者による請求に基づき、市町村から日常生活用具費（残額）が支払われる

※市町村によって流れは若干異なる。

1. 障害者向けのサービス　2. 障害児向けのサービス　3. 用具の提供　4. 医療関連の給付

3　小児慢性特定疾病児童等日常生活用具給付事業　児のみ

小児慢性特定疾病対策の一環として、対象疾病を罹患する児童等に対して日常生活用具を給付するものです。

小児慢性特定疾病児童等日常生活用具給付事業とは

- 日常生活を営むのに著しく支障のある在宅の小児慢性特定疾病児童等に対し、日常生活の便宜を図ることを目的として、市町村において特殊寝台等の日常生活用具を給付する事業です。

対象者	小児慢性特定疾病医療受給者証を交付されている在宅療養の児童 ※障害者総合支援法による日常生活用具の給付を受けている場合は、原則として対象外
申請先	居住地の市町村
自己負担	世帯の所得に応じて自己負担が定められています

対象となる種目と対象者

種目	対象者	性能等
便器	常時介助を要する者	小児慢性特定疾病児童等が容易に使用し得るもの（手すりをつけることができる）
特殊マット	寝たきりの状態にある者	褥瘡の防止又は失禁等による汚染又は損耗を防止できる機能を有するもの
特殊便器	上肢機能に障害のある者	足踏ペダルにて温水温風を出し得るもの。ただし、取替えに当たり住宅改修を伴うものを除く
特殊寝台	寝たきりの状態にある者	腕、脚等の訓練のできる器具を付帯し、原則として使用者の頭部及び脚部の傾斜角度を個別に調整できる機能を有するもの
歩行支援用具	下肢が不自由な者	おおむね次のような性能を有する手すり、スロープ、歩行器等であること。①小児慢性特定疾病児童等の身体機能の状態を十分踏まえたものであって、必要な強度と安定性を有するもの。②転倒予防、立ち上がり動作の補助、移乗動作の補助、段差解消等の用具となるもの

種　目	対象者	性　能　等
入浴補助用具	入浴に介助を要する者	入浴時の移動、座位の保持、浴槽への入水等を補助でき、小児慢性特定疾病児童等又は介助者が容易に使用し得るもの
特殊尿器	自力で排尿できない者	尿が自動的に吸引されるもので小児慢性特定疾病児童等又は介助者が容易に使用し得るもの
体位変換器	寝たきりの状態にある者	介助者が小児慢性特定疾病児童等の体位を変換させるのに容易に使用し得るもの
車いす	下肢が不自由な者	小児慢性特定疾病児童等の身体機能を十分踏まえたものであって、必要な強度と安定性を有するもの
頭部保護帽	発作等により頻繁に転倒する者	転倒の衝撃から頭部を保護できるもの
電気式たん吸引器	呼吸器機能に障害のある者	小児慢性特定疾病児童等又は介助者が容易に使用し得るもの
クールベスト	体温調節が著しく難しい者	疾病の症状に合わせて体温調節のできるもの
紫外線カットクリーム	紫外線に対する防御機能が著しく欠けて、がんや神経障害を起こすことがある者	紫外線をカットできるもの
ネブライザー（吸入器）	呼吸器機能に障害のある者	小児慢性特定疾病児童等又は介助者が容易に使用し得るもの
パルスオキシメーター	人工呼吸器の装着が必要な者	呼吸状態を継続的にモニタリングすることが可能な機能を有し、小児慢性特定疾病児童等又は介助者が容易に使用し得るもの
ストーマ装具（蓄便袋）	人工肛門を造設した者	小児慢性特定疾病児童等又は介助者が容易に使用し得るもの
ストーマ装具（蓄尿袋）	人工膀胱を造設した者	小児慢性特定疾病児童等又は介助者が容易に使用し得るもの
人工鼻	人工呼吸器の装着又は気管切開が必要な者	小児慢性特定疾病児童等又は介助者が容易に使用し得るもの

1. 障害者向けのサービス　2. 障害児向けのサービス　3. 用具の提供　**4. 医療関連の給付**

1 自立支援医療

障害をもつ人のかかる医療について、自己負担を軽減するしくみです。

制度の概要

- 自立支援医療は、障害者総合支援法に基づく自立支援給付の一つで、障害をもつ人の医療費負担を軽減する制度です。所定の手続きを経て認められると、対象となる医療を指定医療機関で受けた場合に、自己負担割合が一律1割に引き下げられ、かつ、処方薬の薬代も含めて月当たりの「自己負担上限額」を超えた支払いが発生しなくなります。
- 所得区分が「一定所得以上」（住民税23万5,000円以上の世帯）の場合は、自立支援医療の適用外となり、医療保険で定められた負担割合を負担します。ただし、2027年3月末までは経過措置として、「重度かつ継続」の基準に該当する場合は、特例的に自己負担額が月2万円に軽減されます。

自立支援医療を受ける流れ

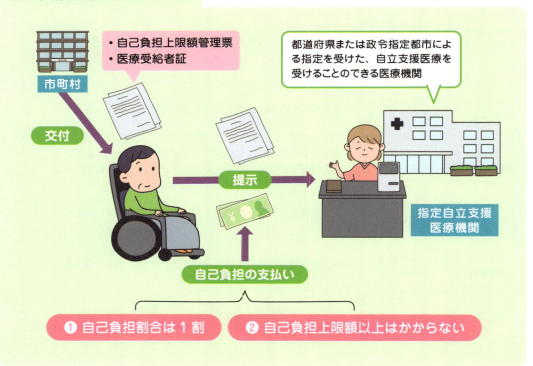

自立支援医療の対象となる障害・疾病

● 自立支援医療の対象となるのは、「精神通院医療」「更生医療」「育成医療」の3つです。治療の内容および対象となる障害・疾病は、以下のようになっています。

更生医療	育成医療 児のみ	精神通院医療 児含む
身体障害者手帳を持つ18歳以上の人に対して、障害の軽減や悪化防止のために実施される治療	障害を有する児童（治療を行わないと将来障害を残すと認められる疾患がある児童含む）に対し、生活能力を得ることを目的に実施される治療	精神科の受診を続ける必要がある人の通院医療。投薬、デイケア、訪問看護を含む。

対象となる障害 肢体不自由、視覚障害、聴覚・平衡機能障害、音声・言語・そしゃく機能障害、心臓機能障害、腎臓機能障害、小腸機能障害、肝臓機能障害、ヒト免疫不全ウイルスによる免疫機能障害など	**対象となる障害** 肢体不自由、視覚障害、聴覚・平衡機能障害、音声・言語・そしゃく機能障害、心臓機能障害、腎臓機能障害、小腸機能障害、肝臓機能障害、その他の先天性内臓障害、免疫機能障害など	**対象疾病** 統合失調症、うつ病、躁うつ病などの気分障害、不安障害、薬物などの精神作用物質による急性中毒またはその依存症、知的障害、強迫性人格障害など「精神病質」、てんかんなど

※精神通院医療の対象となるか否かは、症例ごとに医学的見地から判断される。

自立支援医療を受ける要件

● 自立支援医療を受けられる（医療費が軽減される）のは、指定自立支援医療機関にかかって、市町村から交付された「医療受給者証」と「自己負担上限額管理票」を保険証とあわせて提示した場合に限られます。

● 「指定自立支援医療機関」とは、自立支援医療を受けることのできる医療機関（病院・診療所、薬局、訪問看護事業所）として、更生医療、育成医療、精神通院医療の区分ごとに、都道府県または政令指定都市から指定を受けた医療機関です。

指定自立支援医療機関

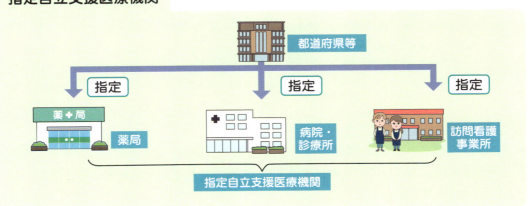

自己負担上限月額

所得区分ごとの自己負担上限月額

所得区分	世帯の収入状況 (育成医療は「保護者の収入」で判定)	負担割合	自己負担上限月額 「重度かつ継続」に該当しない	「重度かつ継続」に該当
生活保護	生活保護受給世帯	1割負担	0円	
低所得1	住民税非課税世帯 (本人収入80万円以下)	1割負担	2,500円	
低所得2	住民税非課税世帯 (本人収入80万円超)	1割負担	5,000円	
中間所得1	住民税課税世帯 (市町村民税3万3,000円未満)	1割負担	医療保険の高額療養費に同じ(育成医療は5,000円※)	5,000円
中間所得2	住民税課税世帯 (市町村民税3万3,000円～23万5,000円未満)	1割負担	医療保険の高額療養費に同じ(育成医療は1万円※)	1万円
一定所得以上	住民税課税世帯 (市町村民税23万5,000円以上)	原則として制度の対象外で3割負担が必要。ただし、「重度かつ継続」に該当する場合は適用され、1割負担(自己負担上限月額は2万円)となる※		

※2027年3月末までの経過措置。

「重度かつ継続」とは

- 自立支援医療では、治療に相当期間かかると見込まれる場合に、「継続的に相当額の医療費負担が発生する」ことへの配慮として、指定自立支援医療機関が「重度かつ継続」の状態であると診断された場合は、特例的な自己負担上限月額が設定されることとなっています。対象となるのは、「中間所得1」「中間所得2」「一定所得以上」の人です。
- 「重度かつ継続」とは、以下いずれかに該当する状態をいいます。

  □ 医療保険の高額療養費で「多数該当」となっている

  □ 次のような精神疾患と診断されている①高次脳機能障害、認知症など、②アルコール依存症、薬物依存症など、③統合失調症、統合失調症型障害及び妄想性障害、④うつ病、躁うつ病など、⑤てんかん

  □ 3年以上精神医療を経験している医師から、情動及び行動の障害又は不安及び不穏状態を示すことから入院によらない計画的かつ集中的な精神医療が続けて必要であると判断された

  □ 次のいずれかに該当する①腎臓機能障害、小腸機能障害、免疫機能障害、心臓機能障害(心臓移植後の抗免疫療法に限る)、肝臓機能障害(肝臓移植後の抗免疫療法に限る)

「世帯」とは

- 自立支援医療において所得区分の判定対象となる「世帯」の範囲は、「患者本人と同じ公的医療保険に加入している人」までです。つまり、必ずしも住民票上の世帯とイコールではありません。
- 育成医療に関しては「保護者の収入」によって所得区分が判定されます。

受給者証の交付申請

● 「医療受給者証」と「自己負担上限額管理票」の交付を受けるには、次のような手続きが必要となります。

①指定自立支援医療機関を受診して、「自立支援医療意見書」（診断書）の作成を依頼します。

②市町村に申請します。①の書類のほか、（A）保険証の写し、（B）マイナンバー確認書類、（C）所得を証明できる書類など、必要書類を揃えておきます。窓口にある「自立支援医療費支給認定申請書」に必要事項を記入して、用意した書類とともに提出します。

③認定されれば、医療受給者証と自己負担上限月額管理表が交付されます。

自己負担上限額管理票（見本）

● 自己負担額が1か月あたりの上限を超えないように管理する書類。各医療機関が受領した自己負担額を記入し、累積額がすでに上限額に達しているかどうかが一目でわかるようになっています。

1. 障害者向けのサービス　2. 障害児向けのサービス　3. 用具の提供　4. 医療関連の給付

2 難病医療費助成制度

国の定める指定難病にかかり、日常生活に支障を及ぼす程度の重い症状が生じていると診断された人に対して、治療に要する医療費を助成する制度です。

制度の概要

- 所定の手続きを経て、都道府県から交付された「医療受給者証」と「自己負担上限額管理票」を保険証とあわせて指定医療機関に提示すると、対象となる医療について、自己負担割合が一律2割に引き下げられ、かつ、処方薬の薬代も含めて1か月当たりの「自己負担上限額」を超えた支払いが発生しなくなります。

> **ミニ情報　指定難病とは**
> 原因不明かつ治療方法が確立していないものとして、難病法に基づき厚生労働大臣が指定した疾病。現在341疾病（2024年4月現在）。

難病医療費助成制度のしくみ

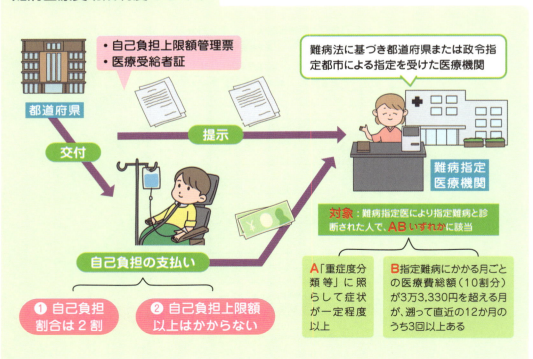

自己負担上限月額

指定難病医療費助成制度の負担上限月額

所得区分	所得区分の基準 （年収等の目安）	患者負担 一般	患者負担 高度かつ長期	人工呼吸器等装着者	入院時の食費 （医療保険制度の標準負担額）
上位所得者	住民税 25.1 万円以上	30,000 円	20,000 円	1,000 円	1 食 260 円
一般所得 II	住民税 7.1 万円～25.1 万円未満	20,000 円	10,000 円		1 食 260 円
一般所得 I	住民税課税～7.1 万円未満	10,000 円	5,000 円		1 食 260 円
低所得 II	住民税非課税世帯 本人年収 80 万円以上	5,000 円	5,000 円		1 食 210 円 （※長期入院該当 160 円）（※70 歳以上で低所得 I の人は 1 食 100 円）
低所得 I	住民税非課税世帯 本人年収 80 万円未満	2,500 円	2,500 円		

【注1】参照　【注2】参照　【注3】参照

【注1】「高額かつ長期」該当者の負担軽減
「高額な治療を長期間にわたり継続しなければならない人」に対して、さらなる負担軽減を図る趣旨で、負担上限月額を 2 分の 1 ないし 3 分の 2 に引き下げる特例です。具体的には、「指定難病にかかる月ごとの医療費総額（10 割分）が 5 万円超となる月が、さかのぼって直近 12 か月のうち 6 回以上ある」ことが要件となっています。

【注2】人工呼吸器装着患者の負担軽減
人工呼吸器その他の生命の維持に必要な装置を装着していることにより特別の配慮を必要とする患者については、負担上限月額は所得階層にかかわらず月額 1,000 円となっています。

【注3】入院時の食事負担
入院時に提供される食事の費用については、指定難病医療費助成制度による助成の対象ではありませんが、公的医療保険で定められた 1 食ごとの負担額（入院時食事療養標準負担額）そのものが、通常の入院患者の場合は一般所得 I、II、上位所得者で「460 円（2024 年 6 月以降は 490 円）」のところ、指定難病医療費助成制度対象者については「260 円」と割引きされた設定となっています。

受給者証の交付申請

- 「医療受給者証」と「自己負担上限額管理票」の交付を受けるには、次のような手続きが必要となります。

①難病指定医の診断を受けて診断書を作成してもらいます。

②都道府県に申請します。①の書類のほか、必要書類を揃えて提出します。

③認定されれば、医療受給者証と自己負担上限月額管理表が交付されます。

1. 障害者向けのサービス　2. 障害児向けのサービス　3. 用具の提供　4. 医療関連の給付

3 小児慢性特定疾病医療費助成制度

小児慢性特定疾病（いわゆる小児の難病）にかかっている子どもの医療費負担を軽減する制度です。

制度の概要

- 所定の手続きを経て、都道府県から交付された「医療受給者証」と「自己負担上限額管理票」を保険証とあわせて指定医療機関に提示すると、対象となる医療について、処方薬の薬代も含めて1か月当たりの「自己負担上限額」を超えた支払いが発生しなくなります。

> **ミニ情報　小児慢性特定疾病とは**
>
> 長期の療養が必要で、生命に危険が及び、多額の医療費を要するものとして児童福祉法に基づき厚生労働大臣が定める疾病。現在788疾病（2021年11月現在）。

小児慢性特定疾病医療費助成制度のしくみ

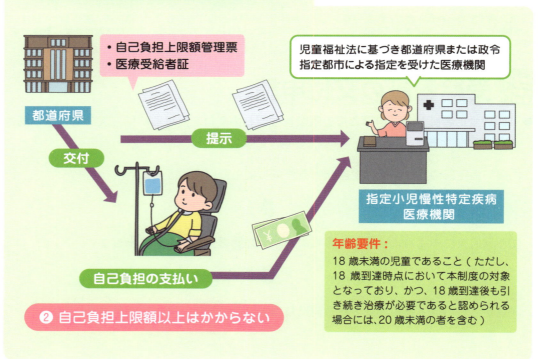

- 自己負担上限額管理票
- 医療受給者証

児童福祉法に基づき都道府県または政令指定都市による指定を受けた医療機関

都道府県 → 交付 → 提示 → 指定小児慢性特定疾病医療機関

自己負担の支払い

❷ 自己負担上限額以上はかからない

年齢要件：
18歳未満の児童であること（ただし、18歳到達時点において本制度の対象となっており、かつ、18歳到達後も引き続き治療が必要であると認められる場合には、20歳未満の者を含む）

自己負担上限月額

自己負担上限月額

階層区分	年収の目安 (夫婦2人子ども1人世帯の場合)		自己負担上限月額		
			一般	重症※	人工呼吸器等装着者
I	生活保護等		0円		
II	市町村民税非課税	低所得I (〜約80万円)	1,250円		
III		低所得II (〜約200万円)	2,500円		
IV	一般所得I (市区町村民税7.1万円未満、 〜約430万円)		5,000円	2,500円	500円
V	一般所得II (市区町村民税25.1万円未満、 〜約850万円)		1万円	5,000円	
VI	上位所得 (市区町村民税25.1万円以上、 約850万円〜)		1万5,000円	1万円	
	入院時の食費		1/2自己負担		

※①高額な医療費が長期的に継続する者(医療費総額が5万円／月(たとえば医療保険の2割負担の場合、医療費の自己負担が1万円／月)を超える月が年間6回以上ある場合)、②現行の重症患者基準に適合するもの、のいずれかに該当。

受給者証の交付申請

● 「医療受給者証」と「自己負担上限額管理票」の交付を受けるには、次のような手続きが必要となります。

①小児慢性特定疾病指定医の診断を受けて診断書(医療意見書)を作成してもらいます。

②都道府県に申請します。①の書類のほか、必要書類を揃えて提出します。

③認定されれば、医療受給者証と自己負担上限月額管理表が交付されます。

第4章

障害者支援で活用できる その他の制度

障害者の支援で活用できる制度や事業はほかにもたくさんあります。それぞれの概要を解説します。

1 障害年金

障害者の暮らしを支える所得保障のしくみです。生活や仕事などが制限される人に、定期的に一定の現金が支給されます。

障害者のベーシックな所得保障

- 障害年金は、収入が十分に得られなくなるリスクに対応した「国民年金制度」の給付の一つです。保険料をきちんと納めていたことを条件に、生活や仕事などが制限される状態となったときに、所得制限なしに決められた金額が支給されます。

権利としての所得保障

◎支給内容

- 年金制度は、すべての国内居住者を対象とする「国民年金」と、会社や役所に勤務する人を対象とした「厚生年金保険」による"2階建て"の体系となっています。国民年金からは「障害基礎年金」が、厚生年金保険からは「障害厚生年金」が支給されます。
- ただし、障害厚生年金は、障害の原因となった病気・ケガで初めて医療機関を受診した日(初診日)が厚生年金保険に加入中であった場合にのみ、受給できます。

年金制度の体系と受け取れる給付

1. 障害基礎年金

- 障害認定基準に照らして審査され、「1級」または「2級」に該当した人に支給されます。
- 金額はそれぞれ定額です。子どもがいれば「子の加算」が上乗せされます。受給開始後に出生した子についても加算対象となります。

障害基礎年金1級	
67歳以下の人	68歳以上の人
月額8万5,000円 (102万円／年)	月額8万4,760円 (101万7,125円／年)

障害基礎年金2級	
67歳以下の人	68歳以上の人
月額6万8,000円 (81万6,000円／年)	月額6万7,808円 (81万3,700円／年)

子の加算		
1人目	2人目	3人目以降（1人につき）
月額1万9,566円 (23万4,800円／年)	月額1万9,566円 (23万4,800円／年)	月額6,525円 (7万8,300円／年)

※金額は2024年度。物価の変動に応じて毎年度改定される。

2. 障害厚生年金

- 障害認定基準に照らして審査され、「1級」または「2級」もしくは「3級」に該当した人に支給されます。3級に満たない障害であっても一定の基準を満たしていれば、一時金の「障害手当金」が支給されます。
- 金額は、それまでに納めてきた厚生年金保険料の額に応じて決まります。
- 1～2級は障害基礎年金の支給対象ともなり、配偶者がいれば「配偶者加給年金」が上乗せされます。受給開始後の婚姻も支給対象となります。

障害厚生年金1級	報酬比例の年金※×1.25	＋障害基礎年金（＋配偶者加給年金）
障害厚生年金2級	報酬比例の年金※	＋障害基礎年金（＋配偶者加給年金）
障害厚生年金3級	報酬比例の年金※	

※加入期間や過去の報酬等に応じて決まる。

配偶者加給年金	月額1万9,566円 (23万4,800円／年)

※金額は2024年度。物価の変動に応じて毎年度改定される。

> 65歳到達後の新規の障害については給対象外です。65歳以降は老齢年金の受給資格が生じるため、そちらが優先されます。ただし、65歳以降も会社等に勤務して厚生年金保険の被保険者資格を有している人は、65歳到達後の新規障害であっても障害厚生年金を受給できることがあります。また、国民年金や厚生年金保険に「任意加入」している人についても、受給できることがあります。

保険料未納で受け取れないことも

◎支給要件

● 障害年金を受給するためには、次の3つの要件をすべて満たしている必要があります。特に、③の保険料納付に関する要件は、障害を負ってから慌てて過去の未納分を納めても無効です。家計が厳しくて保険料が納められない場合は、年金事務所で納付免除や納付猶予の手続きをとっておくことが大切です。

①初診日の時点で65歳未満
　初診日（障害の原因となった病気やケガについて初めて診察を受けた日）に、国民年金の被保険者であったか、それに準じた状況（60〜65歳未満または20歳未満の者で国内居住）にあった

②障害年金認定基準に該当する障害の状態にある

③保険料の未納が3分の1未満
　初診日の前日時点で、「初診日がある月の前々月」までの期間の3分の2以上において、保険料を納付していたか、納付を免除されていた
　※保険料の未納が3分の1以上ある人でも、初診日の前日時点で初診日の属する月の前々月から遡って1年間に未納がなければ、特例的に要件を満たした扱いにするという救済措置がある。

障害年金支給の3要件

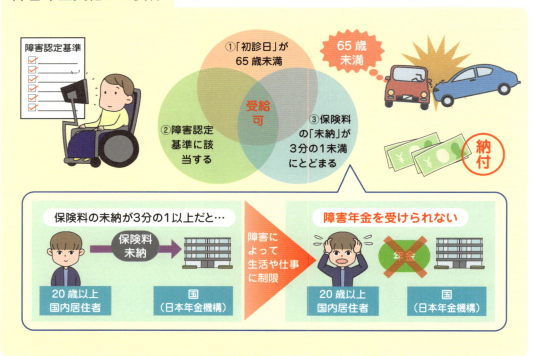

◎障害年金の「認定基準」

- 障害等級ごとの状態の目安は以下のとおりです。なお、障害年金の認定基準（国民年金・厚生年金保険障害認定基準）と障害者手帳の認定基準は別物です。

1級	2級	3級
他人の介助を受けなければ、日常生活のことがほとんどできないほどの状態が相当	必ずしも他人の介助が必要なくても、労働によって収入を得ることが困難な状態が相当	労働に著しい制限を受ける状態が相当

◎20歳前からの障害にかかる障害年金

- 20歳前の病気・けがによる障害や生まれつきの障害を有する児童については、保険料納付要件は考慮されず、20歳到達時点の障害の状態が認定基準に該当していれば、20歳から障害基礎年金が支給されます。ただし、所得制限があり、本人の前年の所得が一定額を超えると、全額または二分の一が支給停止になります。
- 20歳前に就労して厚生年金保険に加入していた障害児・者が障害を負った場合には、20歳到達を待たずに障害認定が行われ、基準に該当すれば障害厚生年金と障害基礎年金が支給されます。

◎支給月

- 2月、4月、6月、8月、10月、12月の年6回、支給月の前月までの2か月分が、受給者の口座へ振り込まれます。

障害年金の支給月

◎申請

- 障害の原因となった傷病の初診日から「1年6か月」を経過した時点で、現在かかっている医療機関から診断書の交付を受け、「年金請求書」「病歴・就労状況等申立書」とともに、年金事務所または市町村窓口に提出します。
- 初診時にかかっていた医療機関と違う場合は、あわせて初診時の医療機関から「受診状況等証明書」の交付を受ける必要があります。
- 手続きでは、①年金手帳、②戸籍謄本・抄本（マイナンバーがあれば省略可）、障害者手帳（交付されている場合）、受取先金融機関の通帳等が必要となります。
- 請求漏れの場合は過去に遡って請求することができますが、時効により、受給できるのは最大5年間とされています。

障害児向けの手当　障害者向けの手当

2 特別児童扶養手当

障害児の福祉の増進を図るため、障害児を養育する世帯に支給される現金給付です。

障害児の父母等に支給される現金給付

- 特別児童扶養手当は、障害児の福祉の増進を図るため、障害児を養育する世帯に支給される現金給付です。この手当を受け取る受給者は、父母（児童の生計を維持するいずれか一人）または父母に代わって養育をしている人です（里親を含む）。障害児福祉手当と併給できます。
- なお、前年の所得が一定額を上回る場合は、支給されません。

◎支給要件

- 障害年金の障害認定基準における「1級」または「2級」に相当する障害をもつ満20歳未満の児童を養育していることが必要で、障害者手帳の所持は必須ではありません。
- ただし、次のような場合には、手当を受けることができません。

・申請者や児童が日本国内に住所を有しない
・児童が児童福祉施設（通園施設は除く）に入所している
・児童が障害による厚生年金などの公的年金を受けることができる

◎支給額（月額）

1級（重度障害児）	2級（中度障害児）
5万5,350円	3万6,860円

※金額は2024年度。物価の変動に応じて毎年度改定される。

◎支給月

- 4月、8月、12月の年3回、支給月の前月までの4か月分が、受給者の口座へ振り込まれます。

特別児童扶養手当の支給月

◎所得制限

- 受給対象となる人もしくはその配偶者または生計を同じくする扶養義務者（同居する父母等）の前年の所得が下表の「限度額」を超えるときは、手当は支給されません。

所得制限の概要

扶養家族の人数	受給資格者本人の所得額 （参考：収入額の目安）	配偶者及び扶養義務者の所得額 （参考：収入額の目安）
0人の場合	459万6,000円以下 （642万円）	628万7,000円以下 （831万9,000円）
1人の場合	497万6,000円以下 （686万2,000円）	653万6,000円以下 （858万6,000円）
2人の場合	535万6,000円以下 （728万4,000円）	674万9,000円以下 （879万9,000円）
3人の場合	573万6,000円以下 （770万7,000円）	696万2,000円以下 （901万2,000円）
4人の場合	611万6,000円以下 （812万9,000円）	717万5,000円以下 （922万5,000円）
5人の場合	649万6,000円以下 （854万6,000円）	738万8,000円以下 （943万8,000円）

◎申請

- 住所地の市町村に、①対象児童と申請者の戸籍謄本（抄本）、②診断書（所定の様式）、③障害者手帳（所持している場合）、④申請者名義の金融機関の通帳、⑤マイナンバーがわかるものを持参して申請します。

> **ミニ情報　受給者は毎年8月に届出が必要**
>
> 手当を受給中の人は、毎年8月12日から9月11日の期間中に「所得状況届」という書類を市町村に提出する必要があります。これは書類の記載内容から、支給要件を引き続き満たしているかどうかを市町村が確認するためのものです。

障害児向けの手当 / 障害者向けの手当

3 障害児福祉手当

常時の介護を必要とする状態にある重度の障害児の在宅生活を、経済的に支援するために支給される現金給付です。

重度障害児「本人」に支給される現金給付

- 障害児福祉手当は、常時の介護を必要とする状態にある重度の障害児の在宅生活を、経済的に支援するために支給される現金給付です。この手当を受け取る受給者は、障害児本人です。特別児童扶養手当と併給できます。
- なお、前年の世帯の所得が一定額を上回る場合は、支給されません。

◎支給要件

- 以下をすべて満たしていることが必要です。
  ①精神（知的を含む）または身体に重度の障害を有するため、日常生活で常時の介護を必要とする状態にある
  ②在宅で暮らしている
  ③20歳未満

目安
・身体障害者手帳1・2級相当の身体障害
・療育手帳A相当の知的障害
・常時介護が必要な精神障害

- 次のような場合には、手当を受けることができません。

・申請者や児童が日本国内に住所を有しない
・児童が児童福祉施設（通園施設は除く）に入所している
・児童が障害による厚生年金などの公的年金を受けることができる

◎支給額（月額）

1万5,690円

※金額は2024年度。物価の変動に応じて毎年度改定される。

◎支給月

- 2月、5月、8月、11月の年4回、支給月の前月までの3か月分が、受給者の口座へ振り込まれます。

障害児福祉手当の支給月

◎所得制限

- 受給対象となる人もしくはその配偶者または生計を同じくする扶養義務者（同居する父母等）の前年の所得が下表の「限度額」を超えるときは、手当は支給されません。

所得制限の概要

扶養家族の人数	受給資格者本人の所得額 （参考：収入額の目安）	配偶者及び扶養義務者の所得額 （参考：収入額の目安）
0人の場合	360万4,000円以下 （518万円）	628万7,000円以下 （831万9,000円）
1人の場合	398万4,000円以下 （565万6,000円）	653万6,000円以下 （858万6,000円）
2人の場合	436万4,000円以下 （613万2,000円）	674万9,000円以下 （879万9,000円）
3人の場合	474万4,000円以下 （660万4,000円）	696万2,000円以下 （901万2,000円）
4人の場合	512万4,000円以下 （702万7,000円）	717万5,000円以下 （922万5,000円）
5人の場合	550万4,000円以下 （744万9,000円）	738万8,000円以下 （943万8,000円）

◎申請

- 住所地の市町村に、①診断書（所定の様式）、②障害者手帳（所持している場合）、③本人名義の金融機関の通帳、④マイナンバーがわかるものを持参して申請します。

> **ミニ情報　受給者は毎年8月に届出が必要**
>
> 　手当を受給中の人は、毎年8月12日から9月11日の期間中に「所得状況届」という書類を市町村に提出する必要があります。これは書類の記載内容から、支給要件を引き続き満たしているかどうかを市町村が確認するためのものです。

第4章　障害者支援で活用できるその他の制度

障害児向けの手当 / 障害者向けの手当

4 特別障害者手当

常時の介護を必要とする状態にある重度の障害者の在宅生活を、経済的に支援するために支給される現金給付です。

重度障害者に支給される現金給付

- 特別障害者手当は、常時の介護を必要とする状態にある重度の障害者の在宅生活を、経済的に支援するために支給される現金給付です。この手当を受け取る受給者は、障害者本人です。障害年金と併給できます。
- なお、前年の世帯の所得が一定額を上回る場合は、支給されません。

◎支給要件

- 以下をすべて満たしていることが必要です。
  ①精神（知的を含む）または身体に重度の障害を有するため、日常生活で常時の介護を必要とする状態にある
  ②在宅で暮らしている
  ③20歳以上

目安
・身体障害者手帳1・2級相当の身体障害
・療育手帳A相当の知的障害
・常時介護が必要な精神障害
・重度障害が重複

- 次のような場合には、手当を受けることができません。

・本人が日本国内に住所を有しない
・本人が障害者支援施設などに入所している
・本人が病院または診療所に、継続して3か月を超えて入院している

◎支給額（月額）

| 2万8,840円 |

※金額は2024年度。物価の変動に応じて毎年度改定される。

◎支給月

- 2月、5月、8月、11月の年4回、支給月の前月までの3か月分が、受給者の口座へ振り込まれます。

特別障害者手当の支給月

◎所得制限

- 受給対象となる人の前年の所得が一定の額を超えるとき、もしくはその配偶者または受給資格者の生計を維持する扶養義務者（同居する父母等）の前年の所得が下表の限度額を超えるときは、手当は支給されません。

所得制限の概要

扶養家族の人数	受給資格者本人の所得額 （参考：収入額の目安）	配偶者及び扶養義務者の所得額 （参考：収入額の目安）
0人の場合	360万4,000円以下 （518万円）	628万7,000円以下 （831万9,000円）
1人の場合	398万4,000円以下 （565万6,000円）	653万6,000円以下 （858万6,000円）
2人の場合	436万4,000円以下 （613万2,000円）	674万9,000円以下 （879万9,000円）
3人の場合	474万4,000円以下 （660万4,000円）	696万2,000円以下 （901万2,000円）
4人の場合	512万4,000円以下 （702万7,000円）	717万5,000円以下 （922万5,000円）
5人の場合	550万4,000円以下 （744万9,000円）	738万8,000円以下 （943万8,000円）

◎申請

- 住所地の市町村に、①診断書（所定の様式）、②障害者手帳（所持している場合）、③本人名義の金融機関の通帳、④マイナンバーがわかるもの、⑤年金証書等を持参して申請します。

> **ミニ情報　受給者は毎年8月に届出が必要**
>
> 手当を受給中の人は、毎年8月12日から9月11日の期間中に「所得状況届」という書類を市町村に提出する必要があります。これは書類の記載内容から、支給要件を引き続き満たしているかどうかを市町村が確認するためのものです。

5 障害者扶養共済制度

障害児・者を扶養している保護者が、自身の「万一のとき」に備えて加入する、終身定額保障の共済制度です。

「親亡き後」の所得保障

- 「障害者扶養共済制度」とは、障害児・者を扶養している保護者（両親、祖父母、兄弟等）が、自身に起こりえる万一の事態（死亡・重度障害）に備えて加入する、任意の共済制度です。都道府県および政令指定市が実施主体となっています。
- 制度に加入した保護者は、毎月一定の掛け金を納めます。障害児・者1人に対して、加入できる保護者は1人、加入できる口数は2口までです。
- 名義人である保護者が死亡したり重度障害を負うと、以後、扶養を受けていた障害児・者に、定額の現金が終身支給されます。支給額は、掛金が1口の場合は月2万円、2口の場合は月4万円です。

障害者扶養共済制度の概要

ミニ情報　本人に「年金の管理」が難しい場合

本人の代わりに年金請求手続きや年金の受取・管理を担う「年金管理者」を指定しておくことができます。この場合、年金給付は年金管理者の口座に振込まれます。

◎加入の要件

保護者の要件

- 障害のある本人を現に扶養している保護者（父母、配偶者、兄弟姉妹、祖父母、その他の親族など）であって、以下の要件を満たしていることが必要です。

①加入時の年度の4月1日時点での年齢が、満65歳未満である
②特別の疾病または障害がなく、生命保険契約の対象となる健康状態である

障害のある子の要件

- 以下のいずれかに該当する障害を有していて、独立自活は困難であると認められることが必要です。年齢制限はありません。

①知的障害
②身体障害者手帳を所持し、その障害が1級から3級までに該当する障害
③精神または身体に永続的な障害（統合失調症、脳性麻痺、進行性筋萎縮症、自閉症、血友病など）があり、その障害の程度が①または②と同程度と認められる

◎掛金

掛金額

- 掛金額は、加入年度の4月1日時点における保護者の年齢に応じて決まります。具体的な金額は下表のとおりです。

納付期間

- 掛金は20年以上、かつ、保護者の年齢が年度初日（4月1日）時点で65歳となる年度の加入月までの分を納める必要があります。それ以前に保護者が死亡または重度障害状態となった場合は、翌月以降の掛金納付が不要となります。

保護者の加入時点での年齢別掛金月額と払込期間

加入した年度の4月1日時点での保護者の年齢						
35歳未満	35～39歳	40～44歳	45～49歳	50～54歳	55～59歳	60～64歳
9,300円	1万1,400円	1万4,300円	1万7,300円	1万8,800円	2万700円	2万3,300円

①加入後20年経過するまで
かつ
②65歳到達年度の翌年度における加入月まで

※ 年齢は加入年度の4月1日時点での年齢。金額は1口あたり。

6 居住支援

「住宅確保要配慮者」であっても必要な住まいが確保できるように、入居前・入居後にわたって行われる伴走支援です。

住まい確保のための各種支援

- アパートやマンションなどで入居拒否を受けやすいとされる高齢者、低額所得者、障害者など、いわゆる「住宅確保要配慮者」を対象として、住まいの確保、入居後の見守り、退去時の家財整理などを支援する取り組みが、「居住支援」です。都道府県の指定する居住支援法人が、これらの取り組みを担っています。
- 居住支援は、生活困窮者自立支援制度、介護保険制度、障害者総合支援制度、更生保護制度など既存の制度の相談支援やサービスに組み込まれて、ニーズを有する人に提供されます。

居住支援の流れ

住宅確保要配慮者

高齢者	障害者	低額所得者 （月収15.8万円以下）	子ども養育世帯	外国人
被災者 （発災後3年以内）	DV被害者	児童虐待被害者	犯罪被害者	矯正施設退所者

◎障害福祉分野では「相談支援事業」「地域移行支援」「自立生活援助」で対応

- 障害福祉分野では、「地域生活支援事業」として実施される相談支援事業の一環として、「住宅入居等支援事業（居住サポート事業）」という支援があり、賃貸住宅への入居を希望する障害者を対象に、入居前・入居後の支援を提供しています。市町村または市町村から委託を受けた相談支援事業所が実施しています。
- さらに、障害者支援施設や精神科病院等から地域生活への移行を支援する「地域移行支援」や、安心して地域生活を継続できるよう支援する「自立生活援助」「地域定着支援」などのサービスでも、居住支援が提供されています。

支援内容に「居住支援」が含まれる障害福祉サービス

居住サポート事業
（市町村または委託を受けた相談支援事業所で実施）

地域移行支援

自立生活援助／地域定着支援

> **ミニ情報　セーフティネット住宅**
>
> 「住宅確保要配慮者であっても入居を拒まない」ことを家主が都道府県に登録した物件を、「セーフティネット住宅」といいます。登録することによって、改修工事や家賃補助の補助金が受けられるようになります。登録された物件はデータベース化され、国土交通省管理による検索・閲覧サイトで公開されています。

4章　障害者支援で活用できるその他の制度

7 障害者雇用

障害の有無にかかわらず誰しも活躍できる社会をめざして、障害者雇用の促進や、職業訓練・職業紹介・職場適応援助等の取り組みが進められています。

障害特性に応じた支援

- 障害者本人に対しては、各関係機関において、企業や官公庁への就職・定着に向けた職業訓練、職業紹介、職業リハビリテーションから、「福祉的就労」の機会提供に至るまで、障害特性に応じた支援が行われています。

福祉的就労に至るまでの支援

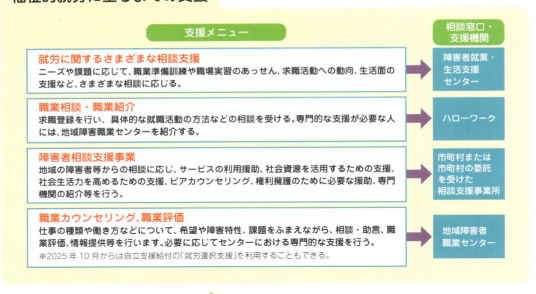

ミニ情報　福祉的就労とは

雇用契約に基づく就労が困難な人が、障害福祉サービス事業所等で一定の支援を受けて、障害特性に配慮された就労の機会を得ること。障害者総合支援制度の自立支援給付における「就労継続支援A型」と「就労継続支援B型」がこれに該当します。

◎ハローワーク

- 就職を希望する障害者の求職登録を受け付けて、専門職員や職業相談員が障害の種類・程度、希望職種等に応じた職業相談・紹介、職場定着指導を行っています。

◎地域障害者職業センター

- 障害者の就業・雇用に関する拠点機関。都道府県に最低1か所ずつ設置され、①障害者に対する専門的な職業リハビリテーションサービス、②事業主に対する障害者の雇用管理に関する相談・援助、③地域の関係機関に対する助言・援助を行っています。利用者が円滑に就職したり職場に適応できるように、企業と本人の間に入って環境調整を行うジョブコーチを派遣しています。

ジョブコーチの役割

事業主
- 障害特性に配慮した雇用管理に関する助言
- 配慮職務内容の設定に関する助言

ジョブコーチ

本人
- 作業遂行力の向上支援
- 職場内コミュニケーション能力の向上支援
- 健康管理、生活リズムの構築支援

上司・同僚
- 社内啓発
- 障害者とのかかわり、指導方法等の助言

家族
- 安定した職業生活を送るための家族のかかわり方に関する助言

◎障害者就業・生活支援センター

- 障害のある人の就業と生活について、一体的な相談・支援を提供する支援機関です。雇用・保健・福祉・教育等の関係機関との連携拠点として、各都道府県に数か所～十数か所設置され、障害者の身近な地域で就業面及び生活面の相談支援に取り組んでいます。

◎就労移行支援事業所／就労定着支援事業所

- 一般企業・官公庁等への就職や定着に向けた支援を、障害者総合支援制度における自立支援給付のサービスとして実施しています。

◎相談支援事業所

- 市町村は、地域生活支援事業の必須事業として、地域の障害者や家族等から寄せられる"よろず相談"に応じる「障害者相談支援事業」を実施しています。どこに相談したらよいかわからない場合は、まずここに問い合わせてみてもよいでしょう。

8 公共交通機関の利用料割引

鉄道、バス、タクシー、旅客船、航空などの各公共交通機関を利用する際に、障害者手帳を提示することで、運賃・料金の割引を受けることができます。

最大50％の運賃割引

- 障害者手帳の交付を受けている人は、これを提示することによって、鉄道、バス、タクシー、旅客船、航空などの各公共交通機関を割引価格で利用することができます。手帳の「旅客鉄道株式会社旅客運賃減額」という欄に、「第1種」と記載されているか「第2種」と記載されているかによって、受けられる割引の内容が異なります。

①鉄道

- 乗車券等を購入する際に障害者手帳または障害者手帳アプリ「ミライロID」を発売窓口に提示することで、下表のような割引を受けられます。
- 第1種の障害者およびその介護者1名は「障害者ICカード」「介護者用ICカード」を利用できます。第2種の障害者およびその介護者は利用対象外です。ICカードでタッチして自動改札を通過すると、割引された運賃で精算されます。

第1種の身体障害者、知的障害者

	乗車券	回数券	定期券	備考
単独利用 ICカード利用可	50％	-	-	・片道の営業キロ数が100kmを超える場合のみ、割引対象となる
介護者帯同 ICカード利用可	50％	50％	50％	・本人分・介護者分とも割引対象となる ・小児定期券は割引の対象外

第2種の身体障害者、知的障害者

	乗車券	回数券	定期券	備考
単独利用 ICカード利用不可	50％	-	-	・片道の営業キロ数が100kmを超える場合のみ、割引対象となる
介護者帯同 ICカード利用不可	-	-	50％	・割引となるのは本人が12歳未満の場合に限られる ・小児定期券は割引の対象外

※JRグループの要件をもとに作成。各私鉄もこれに準じているが、社によって若干の差がある。

【注意点】
○障害者単独の外出に関しては割引対象の範囲が狭くなっています。
- 定期券や回数券の割引は受けられない
- 片道営業キロ数が100km以下である場合は割引対象外

○第2種の場合、介護者の帯同ありで割引が認められるのは「本人が12歳未満の場合」に限られ、帯同者の定期券が割引の対象となります。

○ICカードの利用に際しては、介護者の持つICカードはペアとなった障害者ICカードと同時・同一行程で利用された場合にかぎり、運賃が割引価格で精算されます。介護者用ICカードのみで利用した場合は、割引が適用されません。

○2024年現在、大半の鉄道事業者が割引制度の利用対象を「身体障害」と「知的障害」に限定していますが、2025年4月以降はJRグループと大手私鉄で「精神障害」も適用対象となる予定です。

② バス
- 運賃等支払い時に障害者手帳または障害者手帳アプリ「ミライロID」を提示することで、運賃の割引を受けられます。障害者用ICカードを使って乗降する場合は、障害者手帳の提示は不要です。
- なお、バス会社により介護者の割引の有無やその要件など運賃割引の適用に関する取扱いが異なります。
  ※介護者の持つICカードは、ペアとなった障害者ICカードと同時・同一行程で利用された場合にかぎり、運賃が割引価格で精算される。介護者用ICカードのみで利用した場合は、割引が適用されない。

③ タクシー
- 乗車の際に障害者手帳または障害者手帳アプリ「ミライロID」を提示することで、全国共通で乗車料金の1割が割引されます。

④ 航空・船舶
- 航空券の購入及び搭乗手続きの際、障害者手帳または障害者手帳アプリ「ミライロID」を提示することで、運賃が割引されます。割引の要件や割引率は、航空会社ごとに異なります。船舶についても割引があります。

有料道路の通行料金も最大50％の割引

- 「身体障害者が自ら自動車を運転する場合」または「重度の身体障害者もしくは重度の知的障害者が同乗し、障害者本人以外の人が運転する場合」について、料金が最大50％割引となります。

9 成年後見制度

認知症、知的障害、精神障害などにより判断能力が十分ではない状態の人を対象に、その「権利」や「財産」を守るための制度です。

判断能力の不足を補う支援

- 財産管理・処分、遺産相続、福祉施設への入退所など、いわゆる「法律行為」の全般について、意思決定と事務手続きを第三者に支援してもらったり、あるいは代理をしてもらうことにより、本人にとっての最善を確保する制度が、「成年後見制度」です。
- 具体的には、申立てを受けた家庭裁判所が、保護や支援の必要な度合いにより、本人の支援類型を①後見、②保佐、③補助——のいずれかに区分し、あわせて、「支援に当たる人」を、本人の希望や本人のおかれた状況を勘案して選任します。親族が選任される場合もあれば、弁護士・司法書士・社会福祉士などの専門家が選任される場合もあります。
- 選任された人は、与えられた権限（取消権、代理権、同意権）を用いながら、本人を支えます。

支援類型と支援者に与えられる権限

1 本人の支援類型を決定

2 支援にあたる人を選任
親族が選任される場合もあれば、専門家が選任される場合もある

	①後見	②保佐	③補助
	常に自分ひとりで判断できない状態にあり、日常生活に常に支援が必要	時々自分ひとりで判断できない状態にあり、日常生活の相当部分で支援が必要	物事によっては自分ひとりで判断ができないことがある
支援にあたる人	＝成年後見人	＝保佐人	＝補助人
与えられる権限	日常生活に関する行為や結婚・離婚・養子縁組等を除くすべての法律行為について、成年後見人が本人に代わって行う	重要な権利義務の発生・変動を伴う行為については、「保佐人の同意」がなければ法的に有効とならない	あらかじめ家庭裁判所の審判で決定された事項に限って、「補助人の同意」がなければ法的に有効とならない

◎支援・保護の内容
● 支援にあたる人（以下「後見人等」）は、定期的な訪問等で本人の状況や意思を確認し、本人の心身の状態や生活状況に配慮しながら、必要なお金の出し入れや支払を行い、日常生活上の諸手続きをサポートし、相談を受けて意思決定を支援したり、必要な調整を行います。行った業務の内容や財産の状況は年1回、裁判所に報告します。

後見人等による支援・保護の内容

◎利用申請
● 本人または配偶者もしくは4親等内の親族が、家庭裁判所に申立てを行います。本人に親族がいない場合や、協力が得られない場合は、本人の権利擁護のために必要と判断されれば、市町村長によって申立てが行われます。申立てから決定まで、通常は1～3か月程度の期間がかかります。

◎費用
● 後見人等の報酬額は、後見人等の業務内容や財産規模に応じて裁判所が個別に決定します。この額を後見人等が本人の預貯金通帳から引き出して、支払い完了となります。
● 申立てには、手数料や診断書作成等の各種実費負担がかかります。
● 所得が低いために制度の利用が困難である場合は、市町村による補助制度が利用できます（成年後見制度利用支援事業）。被後見人等が知的障害または精神障害である場合は、市町村の障害福祉担当部署などが窓口となります。

成年後見制度利用支援事業の概要

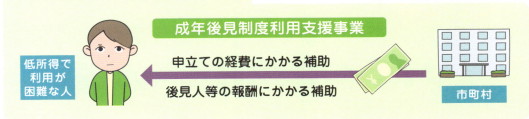

183

10 日常生活自立支援事業

判断能力が十分でなくても地域で安心して暮らせるように、金銭管理や手続きに関する支援を本人の意思に基づいて提供します。

日常生活上の不安に対応して手続きを支援

- 「預金の出し入れや払い込み、重要書類の保管を確実にこなせるか心配」「1人で福祉サービスの利用手続きをするのは不安」という人を対象に、通帳などを預かったり、日常的な金銭管理を代行したり、福祉サービスの利用援助を行う事業です。社会福祉協議会が実施しています。

◎対象者
- 認知症、知的障害、精神障害などにより、自分ひとりで日常生活上の諸手続きを適切に行えるかどうか、不安を抱えているものの、契約が可能な程度に判断能力が残存している人。

困りごとの例

- 依存症で浪費してしまう傾向があり、計画的な金銭管理が困難
- 通帳をどこに置いたか忘れてしまう
- 利用している福祉サービスに不満があるが、取り合ってもらえない
- 日常生活上の手続きを担っていた家族や親族が死亡した
- 公共料金、サービス利用料、家賃の支払いを忘れてしまう

日常生活自立支援事業は、金銭管理や手続きの具体的指示・依頼を本人から受けて実行するものです。そのため、本人に判断能力が一定程度残っていなければ、利用対象とはなりません。認知症や障害が重く、依頼や指示等が難しいと認められる場合には、成年後見制度を通じて後見人等の支援を受けるように調整されます。

◎支援内容

● 本人と社会福祉協議会で話し合って支援内容を決定します。

医療・福祉サービス 利用の支援	日常的な金銭管理 （オプション）	重要書類等の預かり （オプション）
・サービスに関する情報提供 ・サービスの利用やその変更 ・中止について、一緒に考えながら手続きを支援 ・サービスに関する苦情解決制度の手続き支援	・医療費、税金、公共料金等の支払い代行 ・年金、手当等の受領確認 ・日常的な生活費に関する預貯金の出し入れ	・年金証書、預貯金通帳、不動産権利証書、契約書類 ・実印、銀行印 ・その他社会福祉協議会が適当と認めた書類

◎利用までの流れ

● 相談から始まり、支援が開始されるまでの流れは以下の通りです。

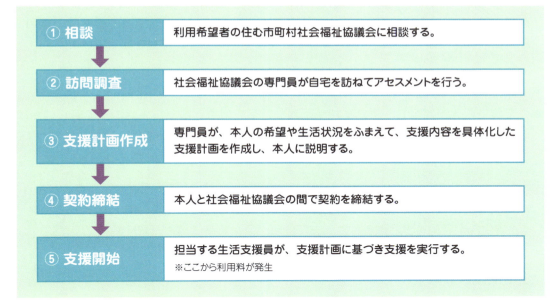

① 相談 — 利用希望者の住む市町村社会福祉協議会に相談する。

② 訪問調査 — 社会福祉協議会の専門員が自宅を訪ねてアセスメントを行う。

③ 支援計画作成 — 専門員が、本人の希望や生活状況をふまえて、支援内容を具体化した支援計画を作成し、本人に説明する。

④ 契約締結 — 本人と社会福祉協議会の間で契約を締結する。

⑤ 支援開始 — 担当する生活支援員が、支援計画に基づき支援を実行する。
※ここから利用料が発生

◎利用料

● 相談や支援計画の作成は無料ですが、契約締結後に提供される支援は有料です。利用料は実施主体の社会福祉協議会がそれぞれ設定しています。

11 生活福祉資金貸付制度

社会福祉協議会が実施している無利子または低利の貸付です。対象は低所得世帯、高齢者世帯、障害者世帯です。

無利子・低利の公的貸付

- 生活福祉資金貸付制度は、社会福祉協議会が実施している公的な貸付制度です。低所得世帯（市町村民税非課税程度の所得状況の世帯）、高齢者世帯（65歳以上の高齢者の属する世帯）、障害者世帯（手帳保持者または同程度の障害をもつ人の属する世帯）を対象に、連帯保証人がいれば無利子、いなければ年利1.5％で貸付を行っています。
- 一部の貸付については、生活困窮者自立支援制度の相談を受けることが貸付要件となっています。現に経済的な困りごとを抱えている世帯に対して、単にお金を貸して"その場しのぎ"とするのではなく、その世帯の背負っている生活課題そのものの緩和・解消に向けた支援もあわせて提供することで、生活の安定と自立を促しています。

1. 総合支援資金

- 失業等で収入が減少し、生計維持が困難な世帯を対象とした、生活の立て直しのための貸付です。以下の3種類があります。①の生活支援費については、貸付に先立って、生活困窮者自立支援制度の相談を受けることが要件になっています。

①**生活支援費**：生活再建までの間に必要な生活費の貸付（月20万円以内×原則3か月）
②**住居入居費**：転居時の敷金・礼金等の支払いのための貸付（限度額：40万円）
③**一時生活再建費**：生活費とは別に一時的に必要な費用の貸付（限度額：60万円）

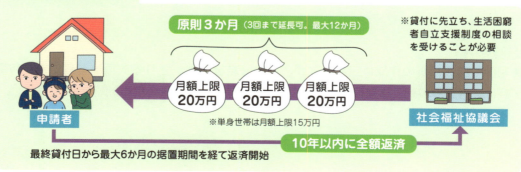

生活支援費の概要

2. 福祉費（福祉資金）
- 福祉機器の購入費、療養や介護サービス等の利用に必要な費用、冠婚葬祭関連費、転居・住宅改修等に関する経費など、一時的な資金需要に対応した貸付です。

3. 緊急小口資金（福祉資金）
- 一時的に生計維持困難となった人に対する緊急的な貸付です。貸付限度額は最大10万円ですが、連帯保証人は不要で、かつ、無利子で貸付を受けられます。貸付に先立って、生活困窮者自立支援制度の相談を受けることが要件になっています。

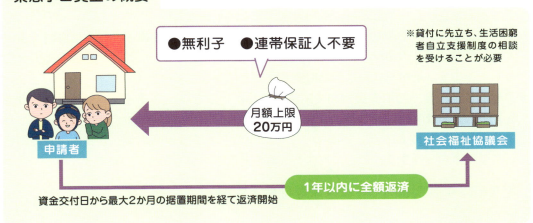

4. 教育支援資金
- 高校、大学、短大、高等専門学校への就学に際し、入学金や授業料のほか就学経費に充てる資金の貸付です。連帯保証人は不要（ただし世帯内で連帯借受人が必要）で無利子です。

5. 不動産担保型生活資金
- 持ち家に住む低所得の高齢者を対象とした生活費の貸付です。今住んでいる家屋・土地を担保として、借受人の死亡時等に売却して返済に充てることとしています。年利は3％または長期プライムレートのいずれか低いほうが用いられます。
- 生活保護の申請を行った高齢者が持ち家に住んでいる場合には、「要保護世帯向け不動産担保型生活資金」という貸付が、保護に優先して実施されます。

◎申請先
- 貸付の申込は、市町村社会福祉協議会（市町村社協）で行います。それに先立ち、申込の方法や必要な書類も含めて、市町村社協または民生委員で相談を受け付けています。

12 生活困窮者自立支援制度

さまざまなリスク・生活課題によって生活困窮の状態にある人、生活困窮のおそれのある人を幅広くとらえて、必要な支援を行うしくみです。

さまざまな生きづらさにワンストップで対応

- 生活困窮者自立支援制度とは、長期失業、非正規不安定就労、ひきこもり、依存症、多重債務、ＤＶ、一人親世帯、セルフネグレクト――など、さまざまな生活課題によって生活困窮の状態にある人、そのおそれのある人を幅広くとらえて、必要な支援を行うしくみです。市町村または都道府県が実施主体となっています。
- 具体的には、自立相談支援機関で相談支援員が相談をワンストップで受け付け、課題を把握したうえで、プランを立てて支援を実施したり、他制度の相談窓口等へつなげてフォローしたりします。相談の"たらい回し"とならないよう、必要に応じて同行して手続きを支援することも、相談支援員の業務の一つとなっています。

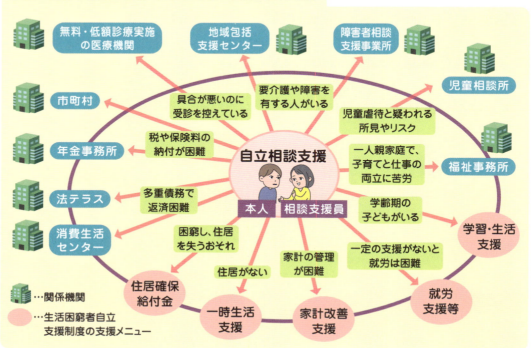

生活困窮や孤立を防ぐさまざまな機関と支援

- 生活困窮者自立支援制度のもとで実施される支援・給付には、以下のようなものがあります。「自立相談支援」と「住居確保給付金の支給」は必須事業ですが、それ以外は地域の実情に応じて実施されています。なお、就労準備支援と家計改善支援の実施は法令上の「努力義務」に位置づけられています。

自立相談支援

相談支援員が相談を受けて課題を整理し、具体的な支援プランを作成し、自立に向けた支援へと展開します。生活福祉資金貸付制度の「総合支援資金」および「緊急小口資金」の貸出を受けるには、まずこちらの相談を受ける必要があります。

家計改善支援

各種生活費、ローンの支払いなど、家計の立て直しをアドバイスし、継続的にフォローします。税や保険料の滞納がある場合や、債務整理が必要な場合には、関係機関による相談につなぎます。

子どもの学習・生活支援

生活困窮世帯の子どもを対象にした無料の学習教室、日常的な生活習慣への助言、居場所づくりを行います。進学に関する支援、高校進学者の中退防止に関する支援（進路選択に資する情報提供、助言、関係機関との連携・調整）などを行います。

就労支援

ハローワークと連携して一般就労に向けた支援を行ったり、民間事業所による「支援つきの雇用」をあっせんしたり（①）、基礎的なスキル獲得のプログラムにつなげます（②）。

①認定就労訓練

直ちに一般就労することが難しい人に対して、都道府県の認定した事業所で「訓練としての就労体験」や「支援付き雇用」の機会を提供し、最終的に一般就労を目指すものです。

②就労準備支援

「生活リズムが崩れている」「コミュニケーションが苦手」など、直ちに就労が困難な人に、生活習慣立て直し、コミュニケーション力向上、就労に向けたスキル習得などのためのプログラムを提供します。原則最長1年間。
※収入・資産が一定以上ある人は利用対象外。

一時生活支援

（シェルター事業）
住居を失い路上生活やネットカフェ宿泊を続けている人に、緊急的に一定期間（原則3か月間、最大6か月間）、宿泊の場所や衣食を提供し、就労支援などを行います。
※収入・資産が一定以上ある人は利用対象外。

（地域居住支援事業）
一時生活支援のシェルターを退所した人や、地域社会から孤立した状態にある人、不安定な居住状態にある人に対して、一定期間（原則1年間）、入居先探しの手伝いや入居後の見守り、地域とのつながり促進などの支援を行います。

住居確保給付金

離職などにより住居を失った人、または失うおそれの高い人に、就職に向けた活動をすることなどを条件に、原則3か月間、家賃相当額（上限あり）を支給します。一定の要件を満たせば延長・再延長が可能です（合わせて最大9か月）。家主や不動産事業者等に振込む代理受領の方法が取られます。
※収入・資産が一定以上ある人は利用対象外。

13 生活保護制度

憲法第25条に基づき、貧困状態にある世帯を保護し、「健康で文化的な最低限度の生活」を保障する制度です。

「健康で文化的な最低限度の生活」を保障

- 生活保護制度は、十分な収入を得ることができずに生活が行き詰ってしまった人に対し、生活費の支給、住まいの確保、医療の提供などを行って、「健康で文化的な最低限度の生活」を保障する制度です。

◎生活保護受給の条件

- 生活保護は、利用し得る資産、能力その他あらゆるものを活用して、それでもなお、「最低限度の生活を営めない貧困状態」にある場合に、受けることができます。具体的には、国が定める生活保護基準に基づく「最低生活費」と、申請者の世帯全体の収入を比べてみて、申請者宅の世帯収入が最低生活費に達していなければ、その不足分について生活保護による扶助が行われます（下図）。

・生命保険・自動車・土地家屋・高価な貴金属・有価証券といった資産を保有している場合は、持ち続けていたほうが、結果的に自立につながるような一部のケースを除いて、まずは処分して生活費に充てることが求められます。

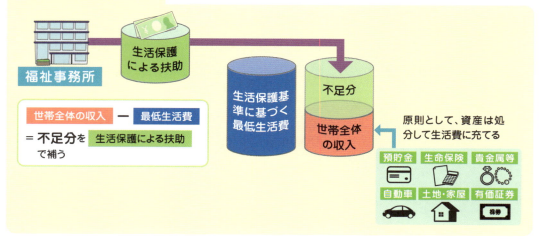

生活保護による扶助

◎申請から保護開始まで

- 保護を受けるには、困窮状態にある本人または扶養義務者もしくは同居の親族が、窓口に出向いて申請し、所得や資産の申告などを行う必要があります。行き倒れで救急搬送されたり、本人に判断能力がなく急迫した状況の場合には、市町村長の職権により保護が開始されます。
- 申請を受けた福祉事務所は、生活状況や収入・資産状況等を調査します。扶養義務者がいる場合は、仕送り等が可能かどうか照会が行われます。照会することが適当でない場合は実施されません。
- 調査の結果、生活保護の利用が可能かどうか、必要な場合には保護費がいくら必要かが審査されます。原則として、申請があってから14日以内（調査に時間を要した場合等は最長で30日以内）に決定され、本人あてに通知が郵送されます。

> **ミニ情報　保護申請すれば必ず扶養照会されるわけではない**
>
> 10年以上音信不通であったり、借金や相続をめぐって対立しているなど、関係性が途絶えている親族に対しては、扶養照会を見合わせる取り扱いとなっています。

◎保護の内容

- 生活保護には、要保護者の最低限度の生活の需要を満たすための8種類の「扶助」（生活扶助、住宅扶助、教育扶助、介護扶助、医療扶助、出産扶助、生業扶助、葬祭扶助）があります。それぞれ世帯の状況に応じて、扶助を受けることとなります。
- これら8種類の扶助に加えて、長期入院から退院後の布団代や衣服代、家屋の修繕費など、一時的に必要となる費用について、日々のやりくりでは賄えない場合に、臨時に支給される「一時扶助」という給付があります。

世帯のニーズと8種類の扶助

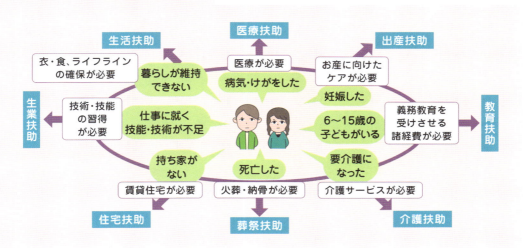

14 精神科の入院制度

「必要な医療」を提供する目的で、精神保健福祉法に定められた手続きのもと、患者本人の同意によらずに入院医療が開始される制度があります。

本人の同意を要件としない入院医療

- 入院治療は、患者本人による同意が前提となります。そのため、通常は入院に先立って、「説明と同意」という手続きが行われます。しかし、精神科医療に関しては、判断能力そのものに症状の影響が及び、病気の自覚をもてなかったり、受け止めきれないこともあるという事情をふまえて、必要とされる医療を提供するために、本人の同意を要件としない入院医療が精神保健福祉法によって制度化されています。

①措置入院　本人の同意を要件としない入院

- ２人以上の精神保健指定医が診察して「自傷他害のおそれがあり、入院による医療・保護が必要」と認めた場合に、本人同意の有無にかかわらず都道府県知事の権限で決定されます。国・都道府県立の精神科病院または指定病院で実施されます。
- 指定医の診察で「自傷他害のおそれがない」と認められた場合には、病院長はただちに都道府県に届け出を行い、届け出を受けた都道府県は速やかに「措置解除」を行わなければならないことになっています。

措置入院の概要

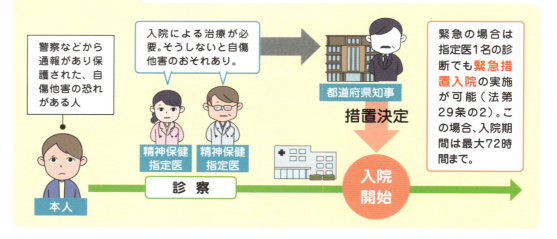

②医療保護入院　本人の同意を要件としない入院

- 精神保健指定医が診察して「入院による医療・保護が必要」と認めた場合に、家族等または市町村長（家族等がいない場合、意思表示できない・しない場合に限る）の同意に基づき、本人の同意によらず開始が認められる入院です。
- 入院期間は6か月（入院開始後6か月経過するまでは3か月）が上限です。指定医による診察の結果、「入院の継続が必要」かつ「本人に同意能力なし」と判断された場合にかぎり、家族や市町村長の同意に基づいて更新が認められます。

医療保護入院の概要

③応急入院　本人の同意を要件としない入院

- 精神保健指定医が診察して「入院による医療・保護が必要」と認めた患者について、緊急を要する場合に限って、本人・家族等の同意なしに、72時間を限度に認められる入院です。実施できる医療機関は「応急入院指定病院」に限られます。

④任意入院　本人の同意を要件とする入院

- 医師（精神保健指定以外でも可）が「入院治療が必要」と判断し、本人も同意のうえで開始される入院です。なお、精神保健指定医の診察の結果、医療及び保護のために入院を継続する必要があると認めたときは、72時間に限り退院を制限することができることとされています。

編集・著者紹介

編集　中央法規「ケアマネジャー」編集部

著者　福島敏之

総合社会保障研究所代表、社会福祉士。
東京社会福祉士会広報推進本部編集長。
蕨戸田市医師会看護専門学校非常勤講師（医療経済学）。
東京大学医療政策人材養成講座（HSP）修了。
社会保険専門誌及び医薬専門誌の編集記者を経て現職。
社会保障全般、相談援助、介護報酬・診療報酬、労働などの各分野について横断的に精通し、わかりやすい解説に定評あり

プロとして知っておきたい！
障害福祉サービスのしくみと使い方

2024 年 9 月 15 日　初　版　発　行
2025 年 5 月 20 日　初版第 3 刷発行

編集	中央法規「ケアマネジャー」編集部
著者	福島敏之
発行者	荘村明彦
発行所	中央法規出版株式会社 〒110-0016 東京都台東区台東 3-29-1 中央法規ビル Tel 03-6387-3196 https://www.chuohoki.co.jp
印刷・製本	株式会社ルナテック
本文デザイン・DTP	次葉
装幀デザイン	Malpu Design（宮崎萌美）
イラスト	相山沙織

定価はカバーに表示してあります。
ISBN978-4-8243-0123-9

本書のコピー、スキャン、デジタル化等の無断複製は、著作権法上での例外を除き禁じられています。また、本書を代行業者等の第三者に依頼してコピー、スキャン、デジタル化することは、たとえ個人や家庭内での利用であっても著作権法違反です。
落丁本・乱丁本はお取り替えいたします。
本書の内容に関するご質問については、下記 URL から「お問い合わせフォーム」にご入力いただきますようお願いいたします。
https://www.chuohoki.co.jp/site/pages/contact.aspx
A123